Kindergarten Workbook

This book Belongs to :

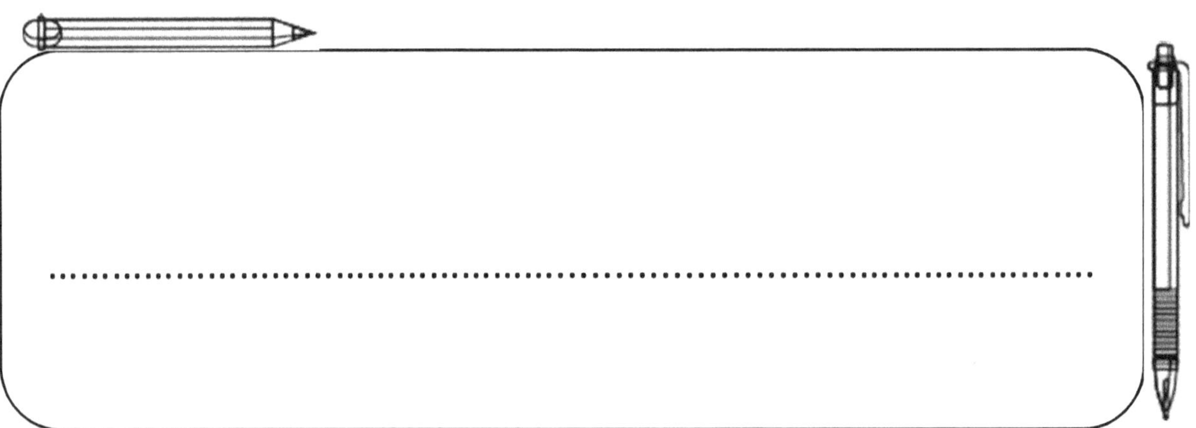

....

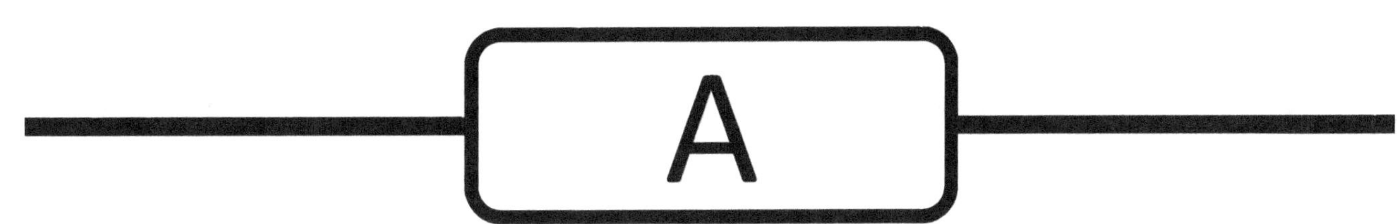

Tracing :

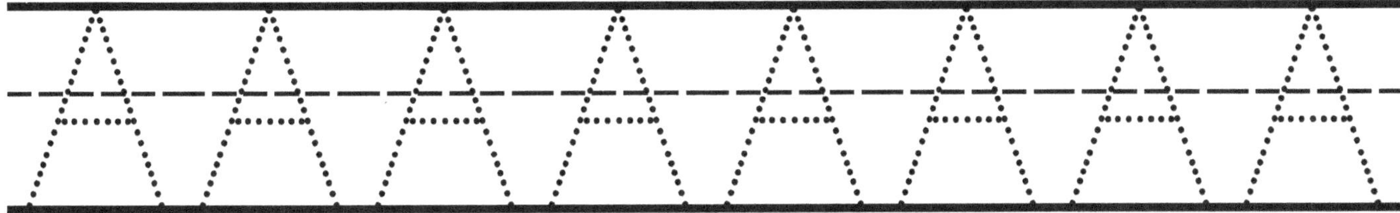

Writing :

Coloring :

Blue	Green	Red
A	A	A

Tracing :

Writing :

Coloring :

Blue	Green	Red

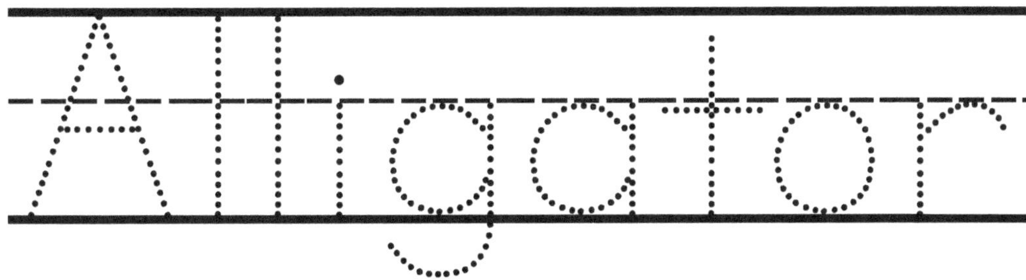

Alligator

Tracing :

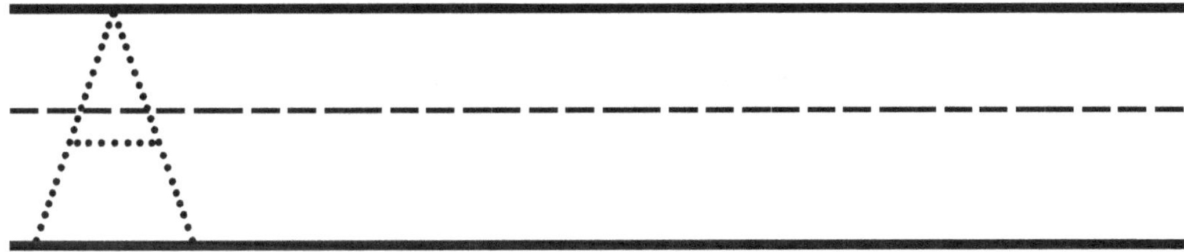

Writing :

Coloring :

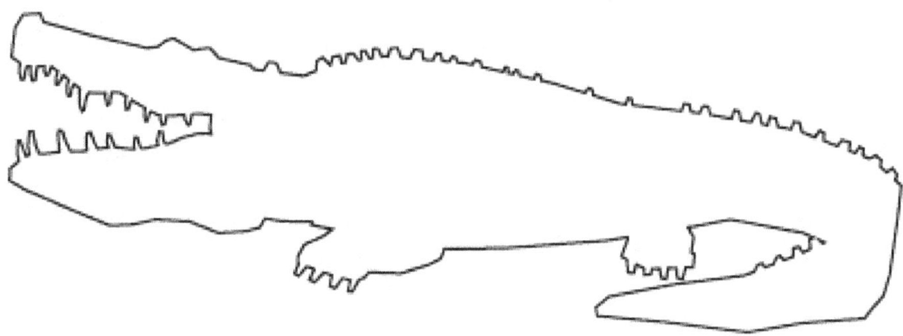

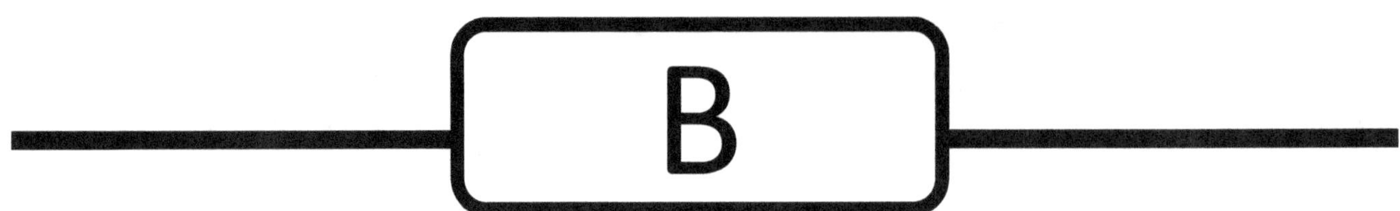

Tracing :

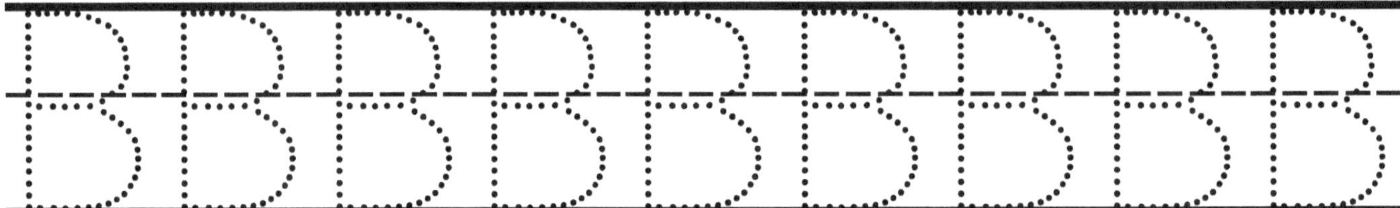

Writing :

Coloring :

Blue	Green	Red
B	B	B

Tracing :

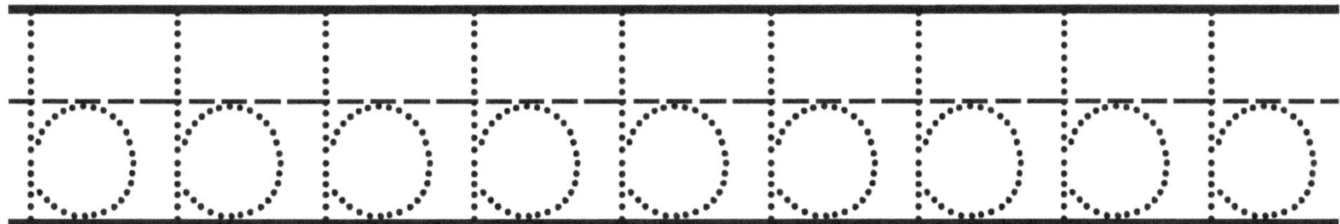

Writing :

Coloring :

Blue	Green	Red
b	b	b

Bear

Tracing :

Bear   Bear

Writing :

B   B

Coloring :

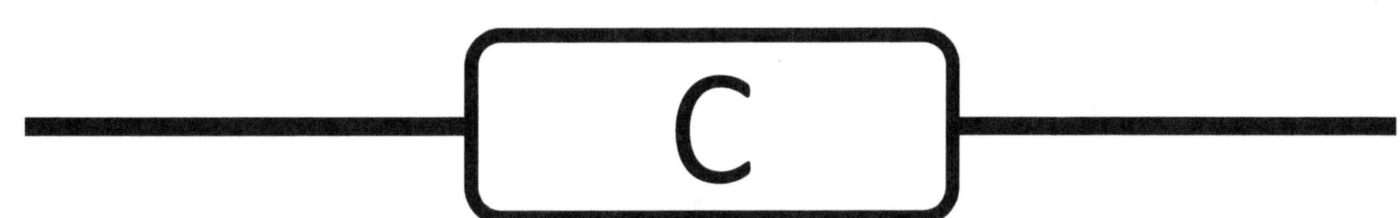

Tracing :

Writing :

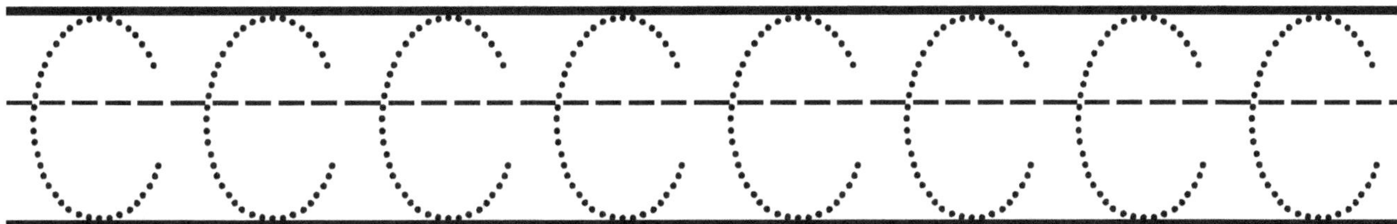

Coloring :

Blue	Green	Red

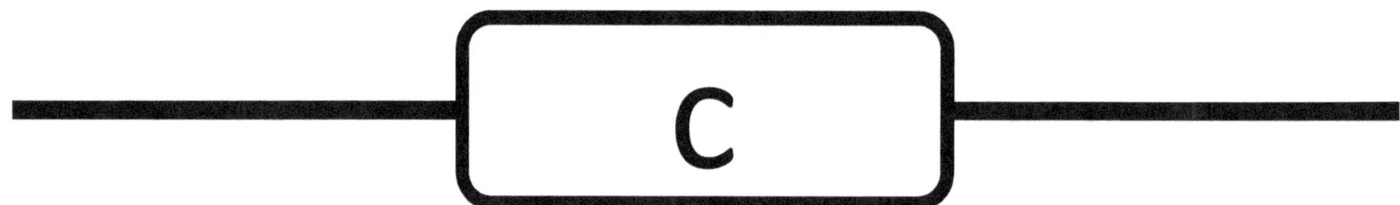

Tracing :

Writing :

Coloring :

Blue	Green	Red
C	C	C

Camel

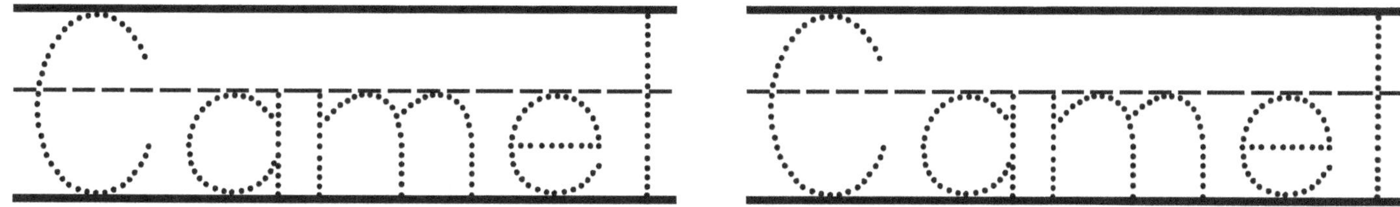

Tracing :

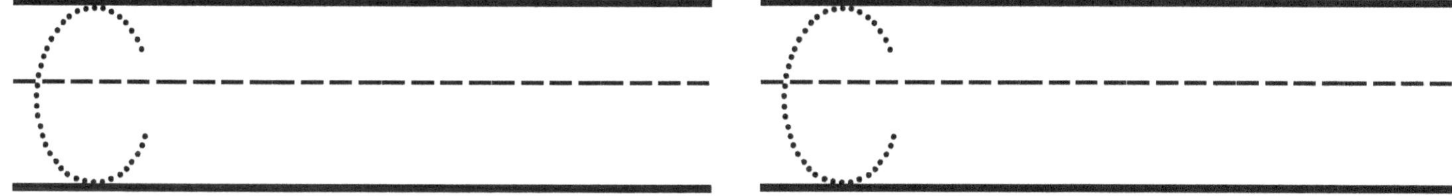

Writing :

Coloring :

Chameleon

Tracing :

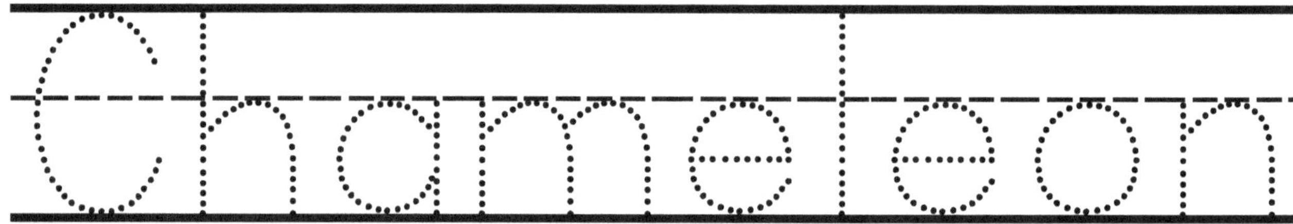

Writing :

Coloring :

Cow

Tracing :

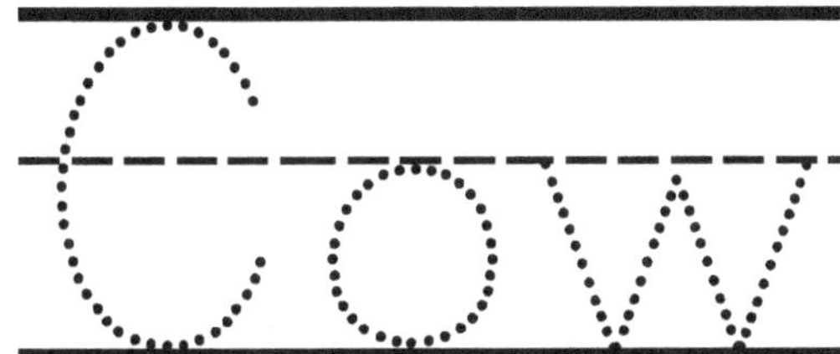 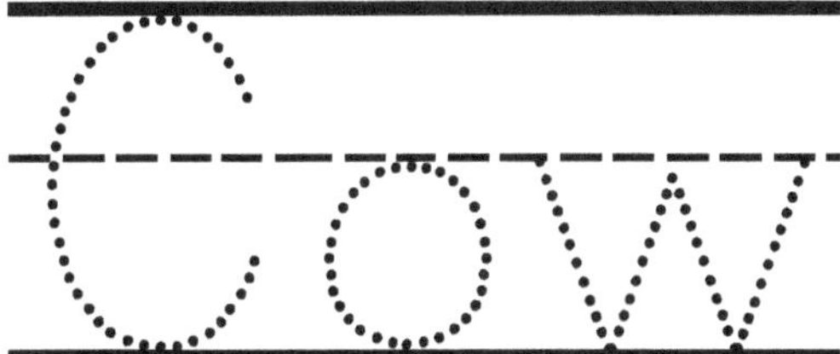

Writing :

Coloring :

Crab

Tracing :

Writing :

Coloring :

Crow

Tracing :

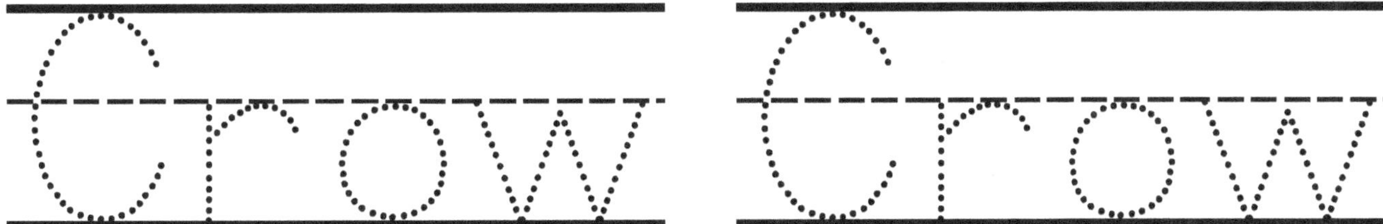

Writing :

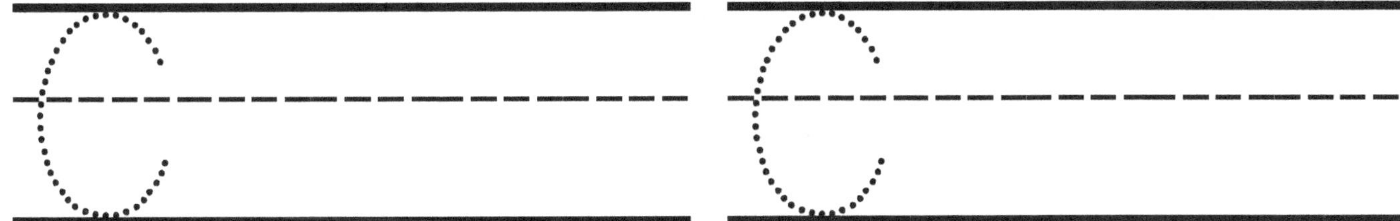

Coloring :

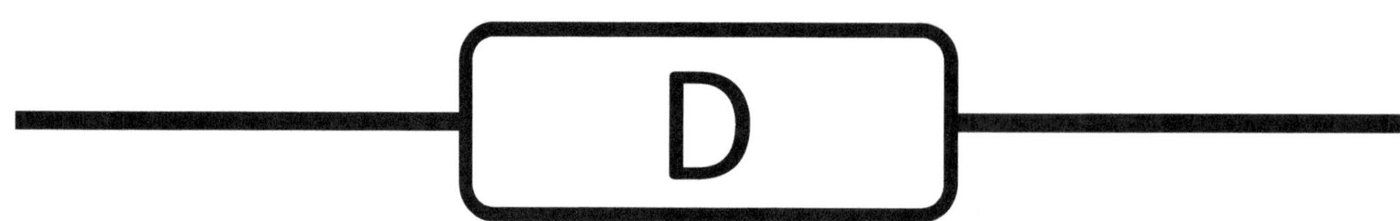

Tracing :

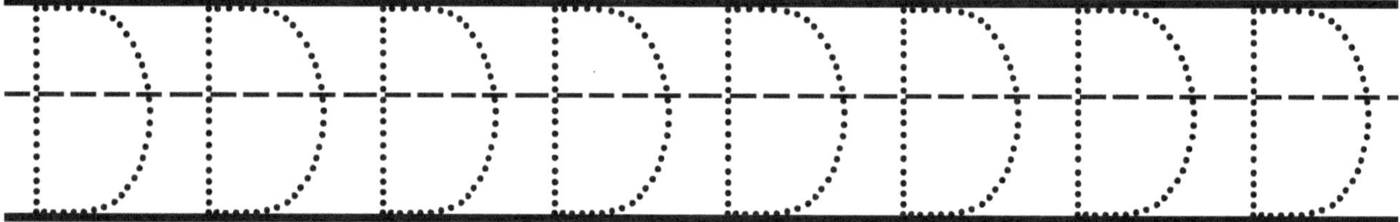

Writing :

Coloring :

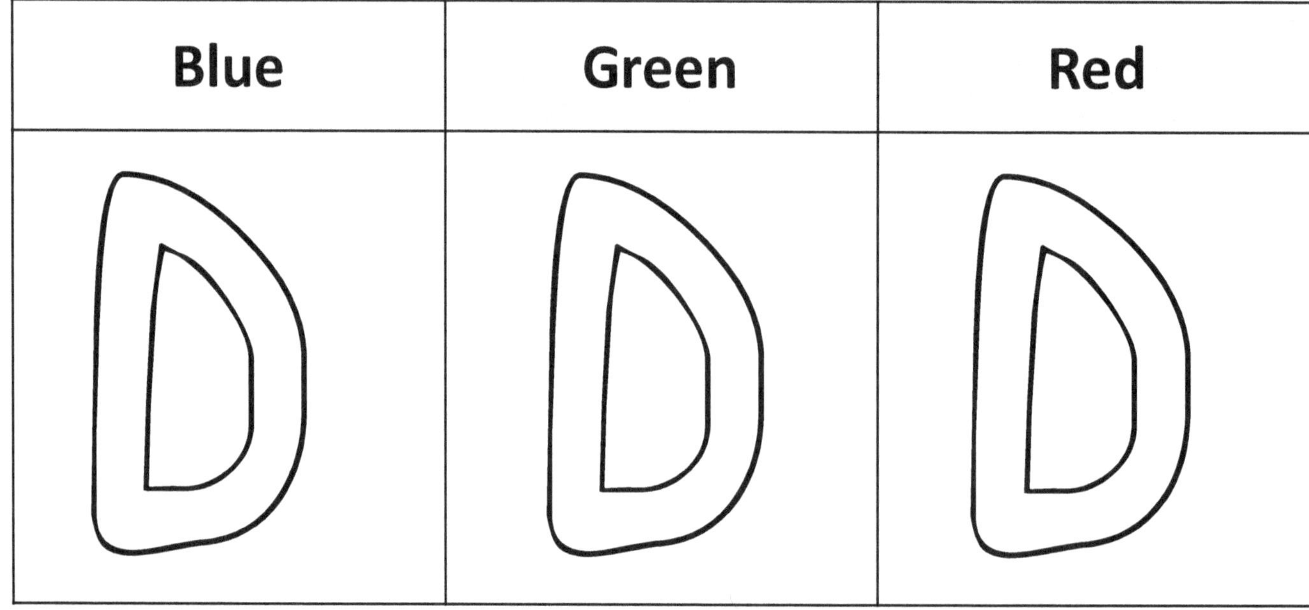

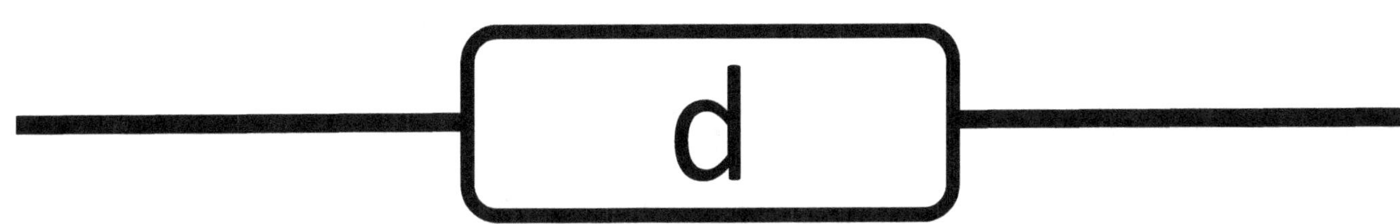

Tracing :

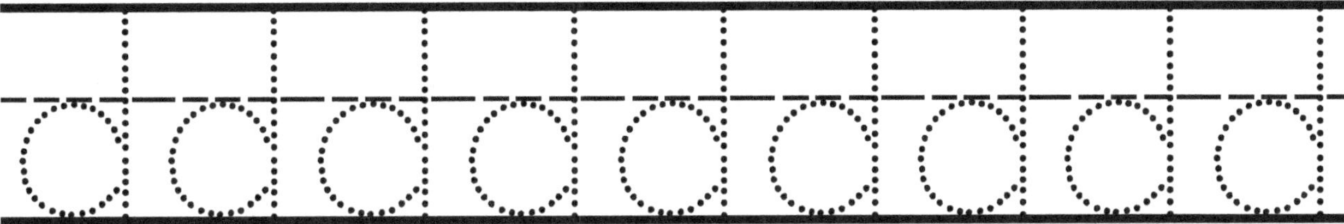

Writing :

Coloring :

Blue	Green	Red
d	d	d

Deer

Tracing :

Writing :

Coloring :

Dog

Tracing :

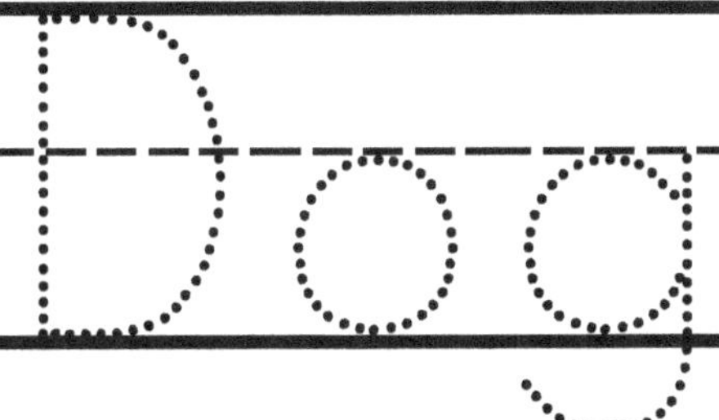 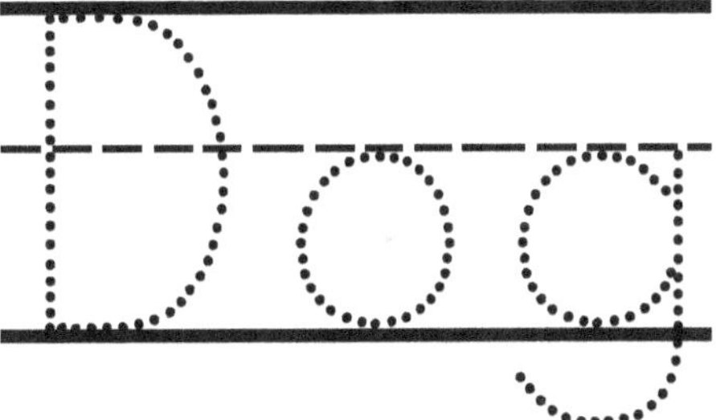

Writing :

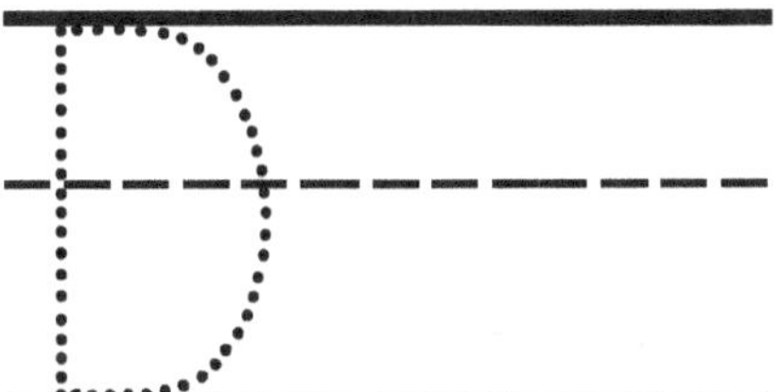 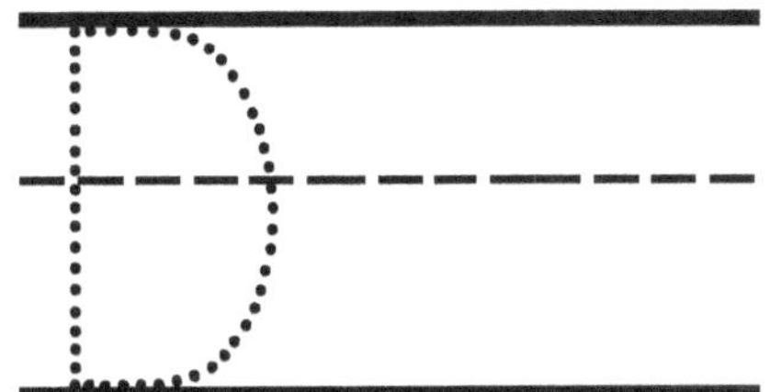

Coloring :

Donkey

Tracing :

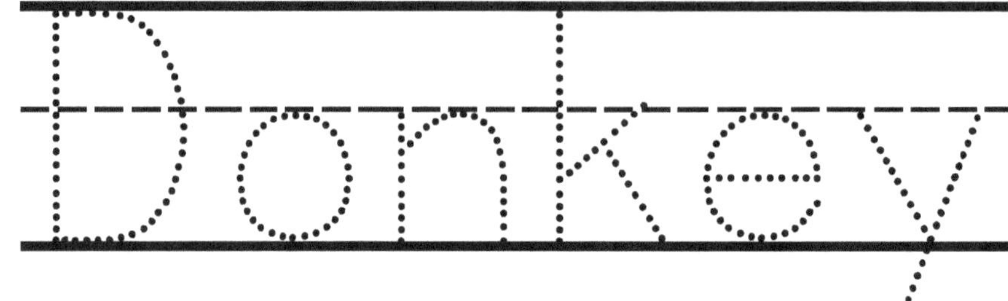

Writing :

Coloring :

Tracing :

Writing :

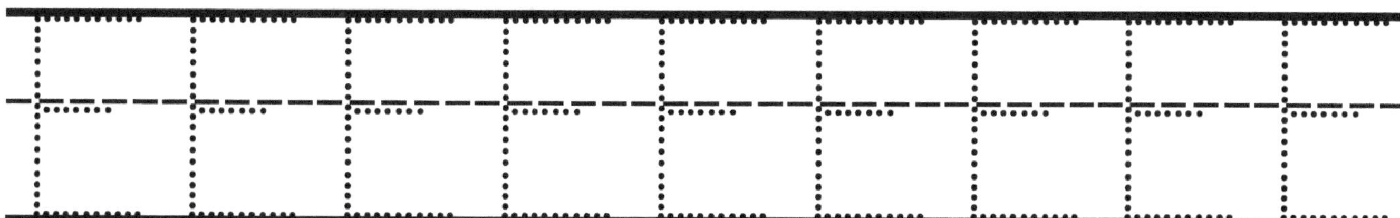

Coloring :

Blue	Green	Red

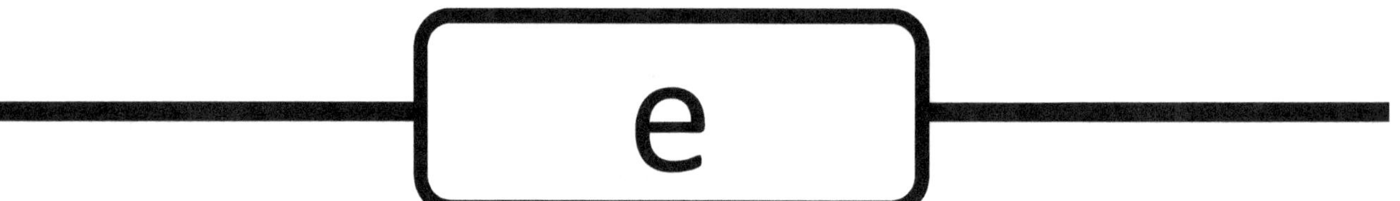

Tracing :

Writing :

Coloring :

Blue	Green	Red
e	e	e

Elephant

Tracing :

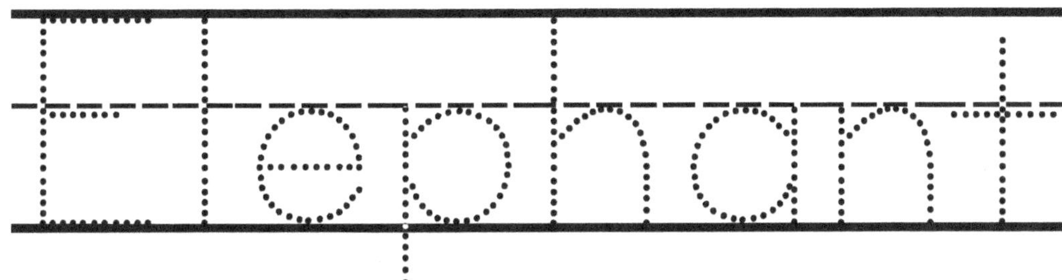

Writing :

Coloring :

Tracing :

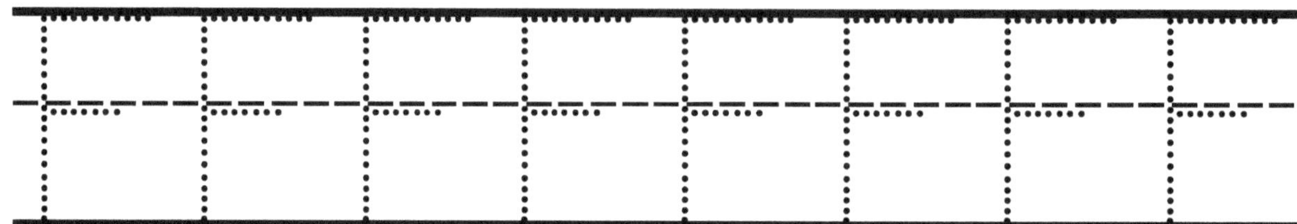

Writing :

Coloring :

Blue	Green	Red
F	F	F

Tracing :

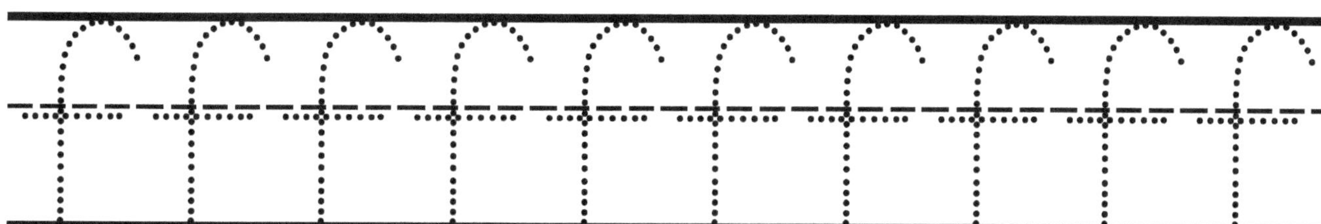

Writing :

Coloring :

Blue	Green	Red
f	f	f

Fox

Tracing :

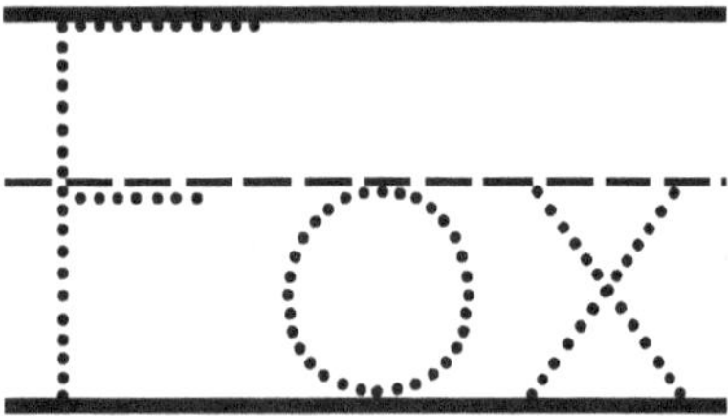 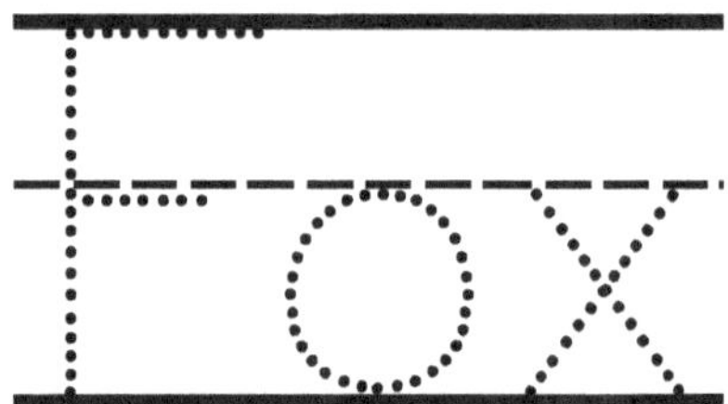

Writing :

Coloring :

Frog

Tracing :

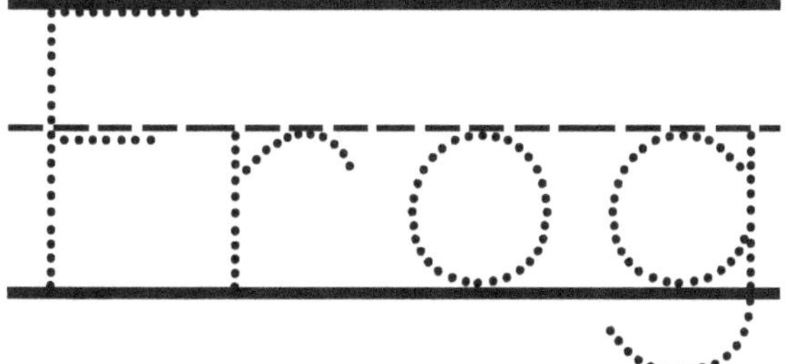 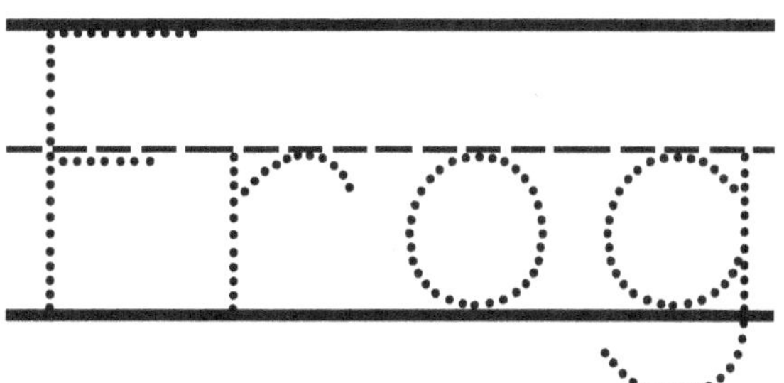

Writing :

Coloring :

Tracing :

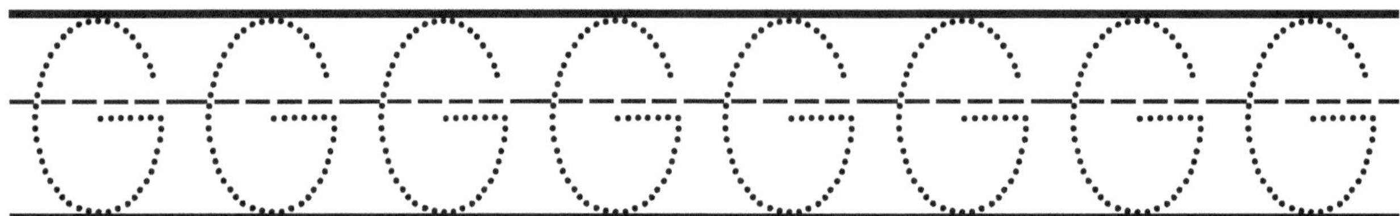

Writing :

Coloring :

Blue	Green	Red

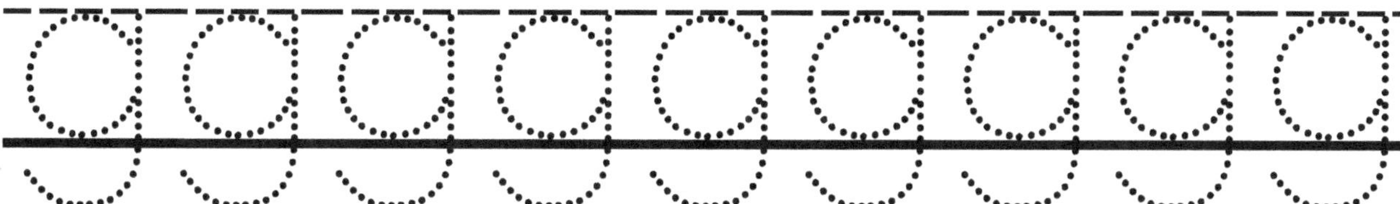

g

Tracing :

Writing :

Coloring :

Blue	Green	Red
g	g	g

Giraffe

Tracing :

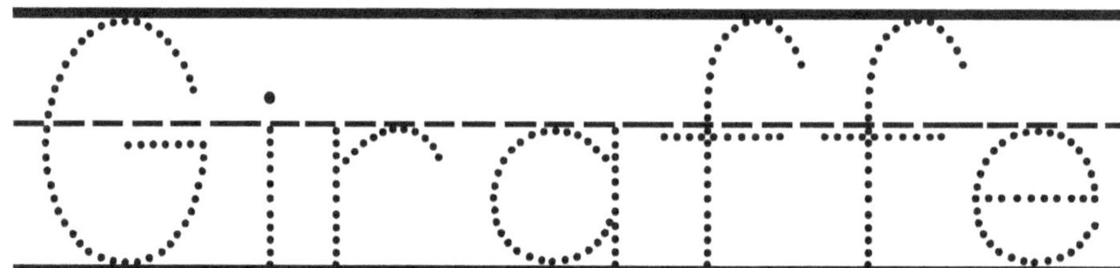

Writing :

Coloring :

Goat

Tracing :

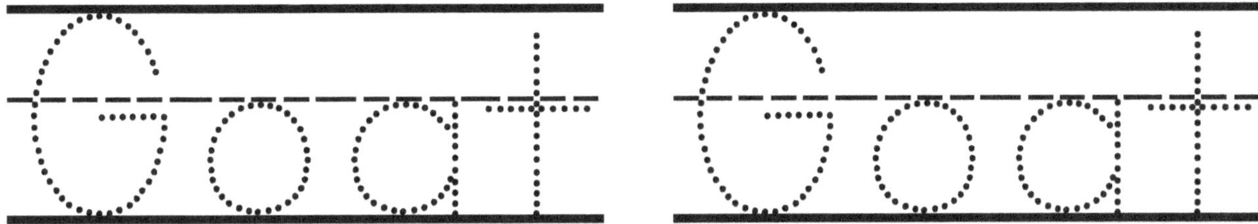

Writing :

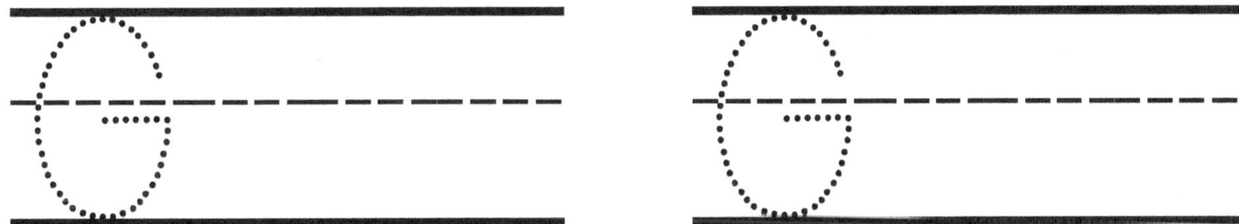

Coloring :

Goose

Tracing :

Writing :

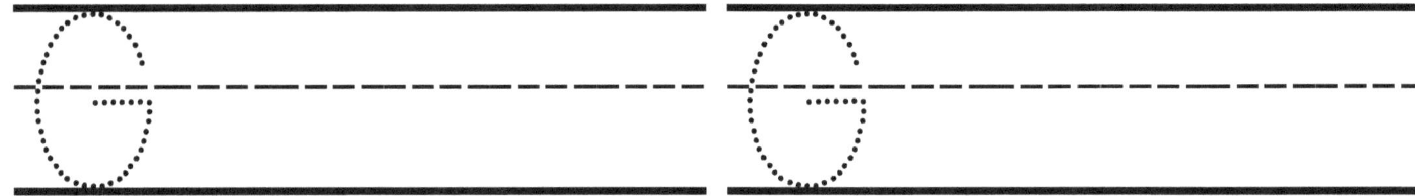

Coloring :

H

Tracing :

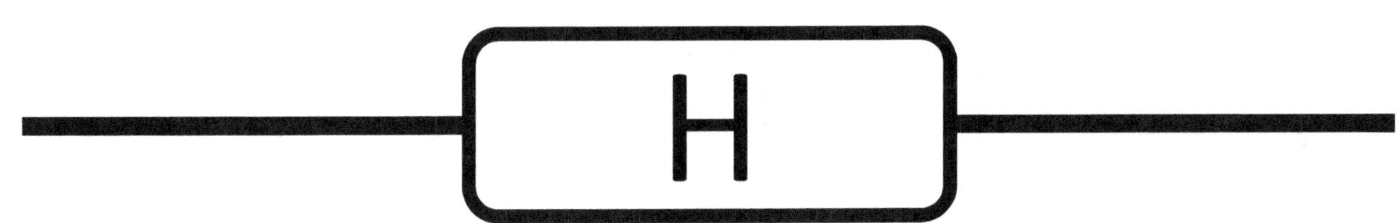

Writing :

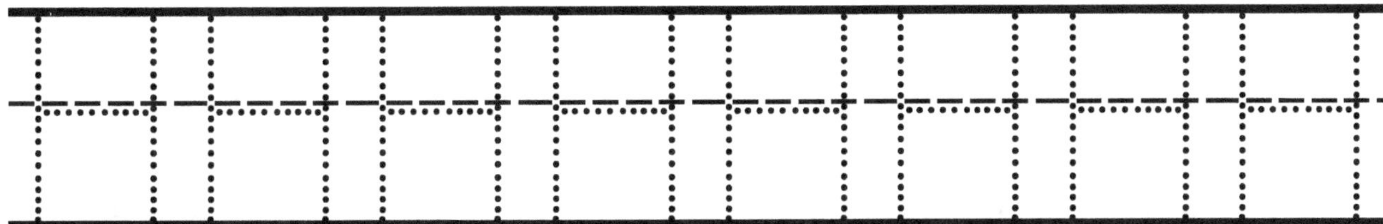

Coloring :

Blue	Green	Red

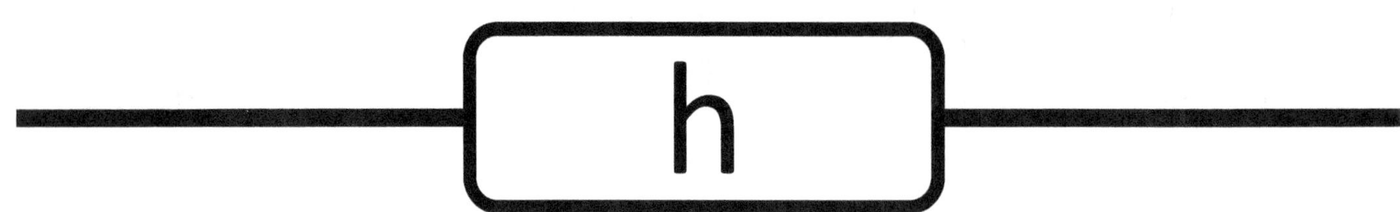

Tracing :

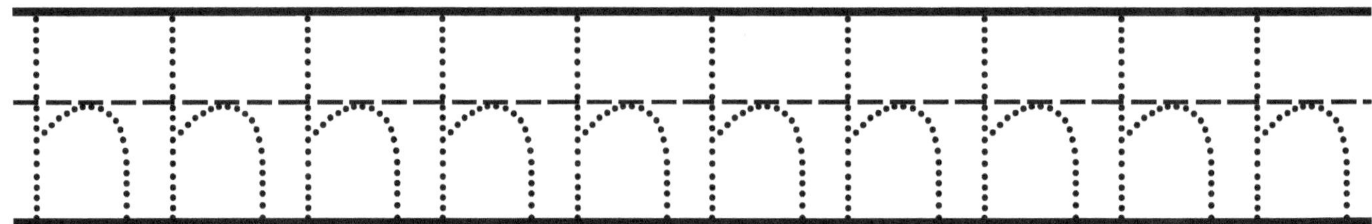

Writing :

Coloring :

Blue	Green	Red

H

Tracing :

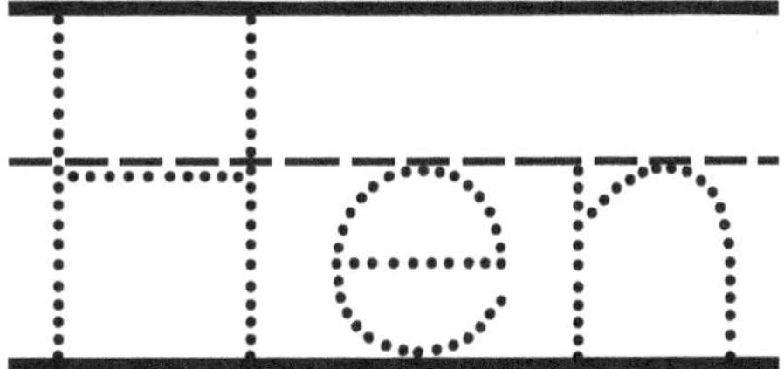 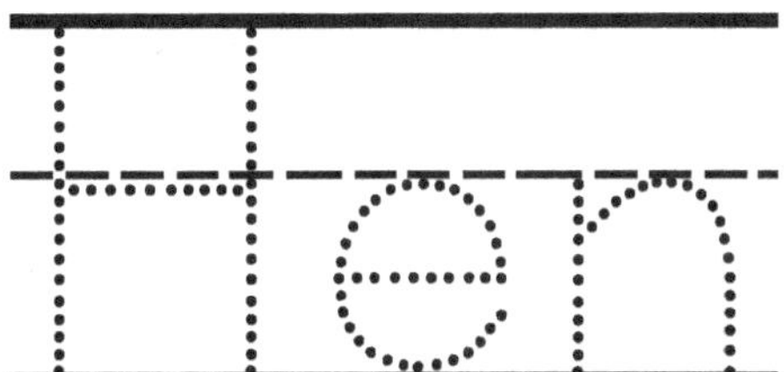

Writing :

Coloring :

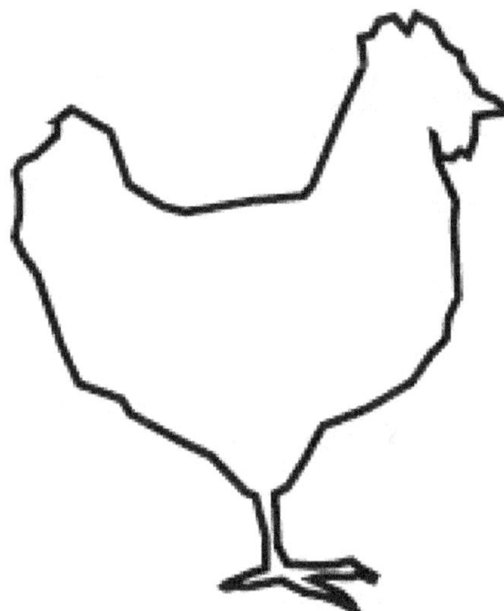

Hippo

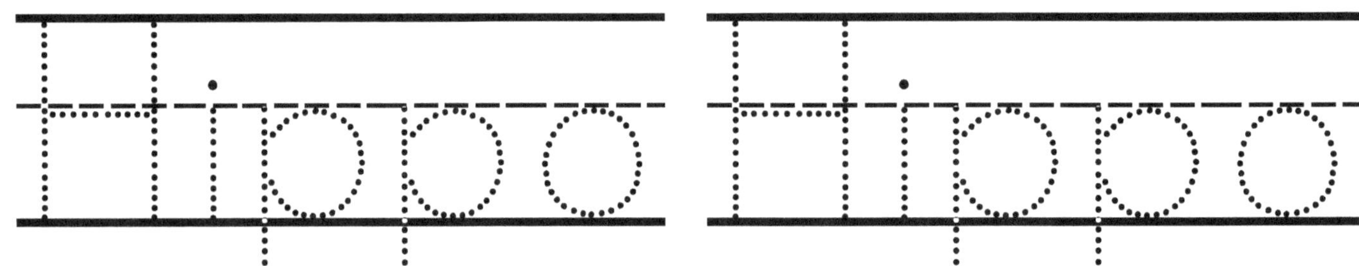

Tracing :

Writing :

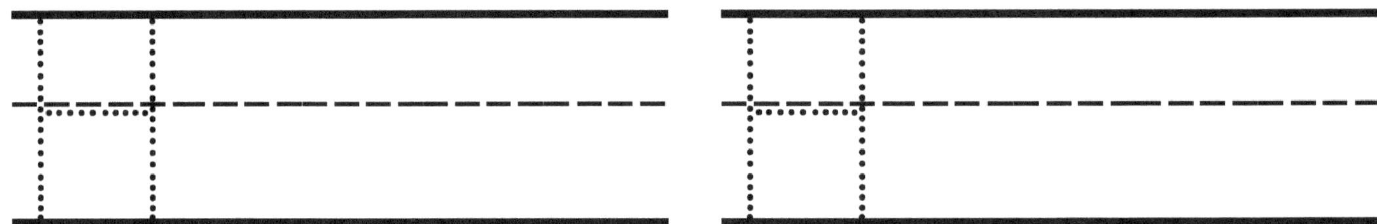

Coloring :

Horse

Tracing :

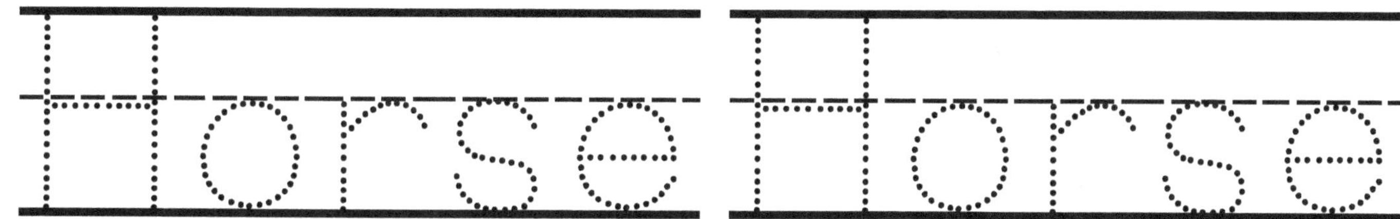

Writing :

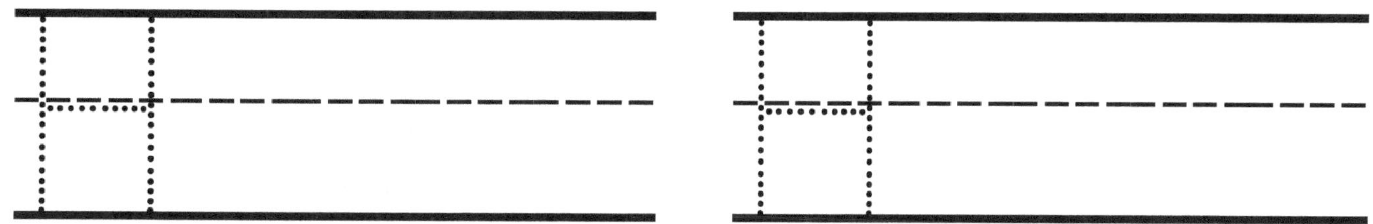

Coloring :

Hummingbird

Tracing :

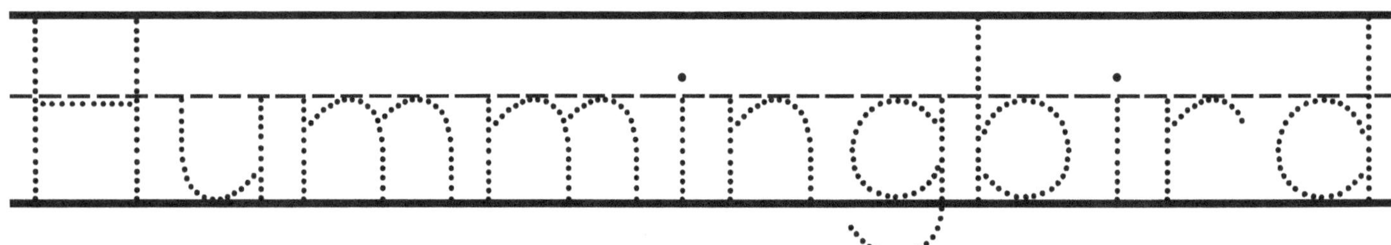

Writing :

Coloring :

Tracing :

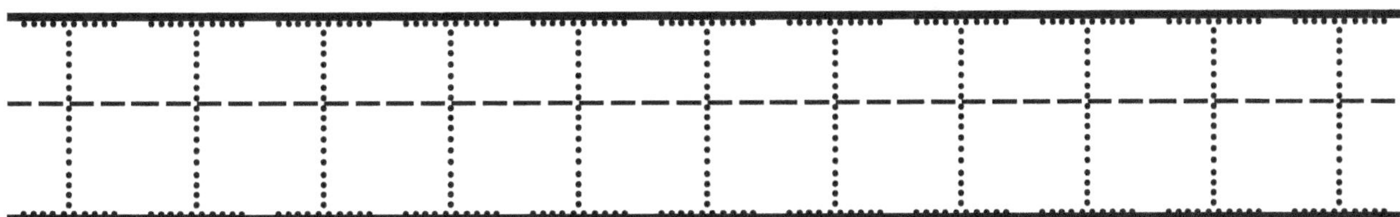

Writing :

Coloring :

Blue	Green	Red

Tracing :

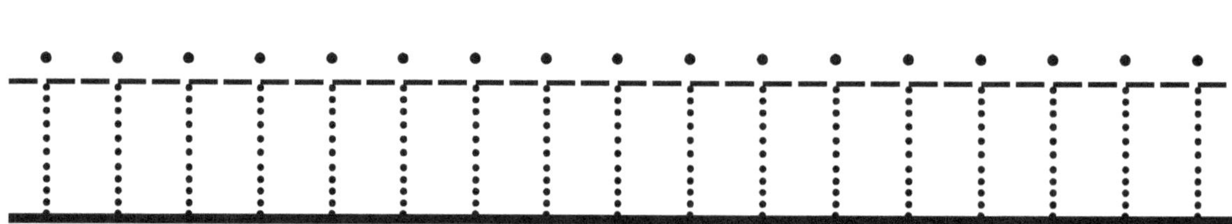

Writing :

Coloring :

Blue	Green	Red

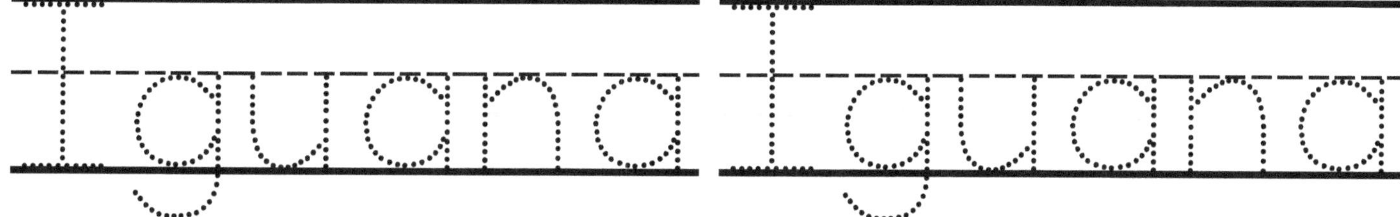

Tracing :

Writing :

Coloring :

Tracing :

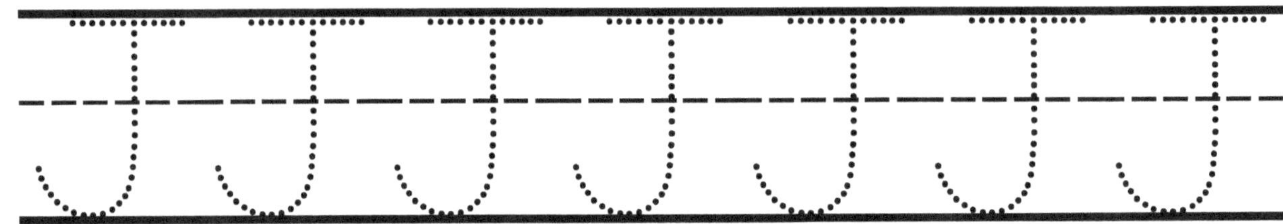

Writing :

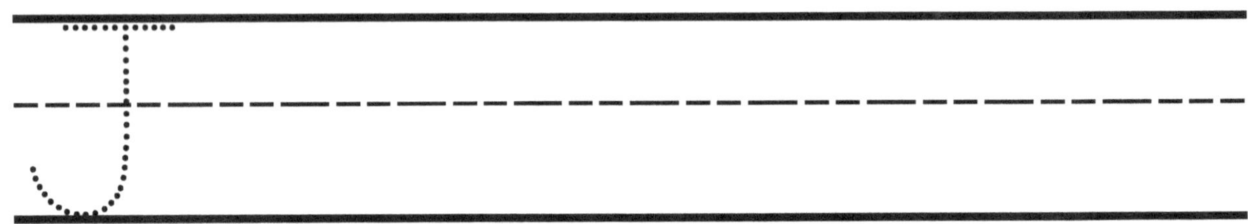

Coloring :

Blue	Green	Red
J	J	J

Tracing :

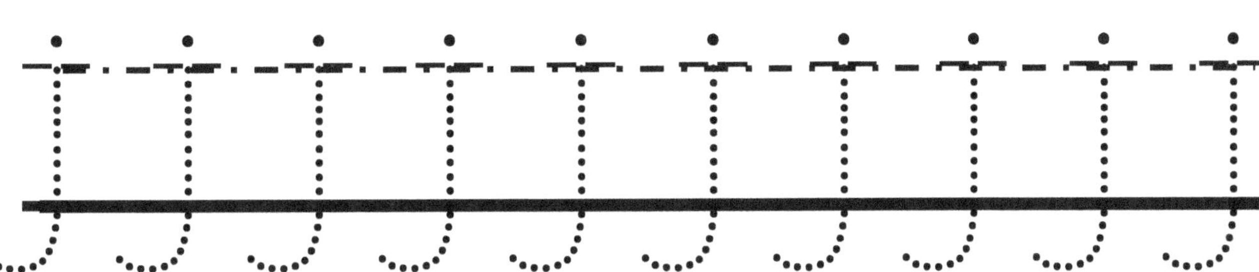

Writing :

Coloring :

Blue	Green	Red

Jaguar

Tracing :

Jaguar Jaguar

Writing :

J J

Coloring :

Tracing :

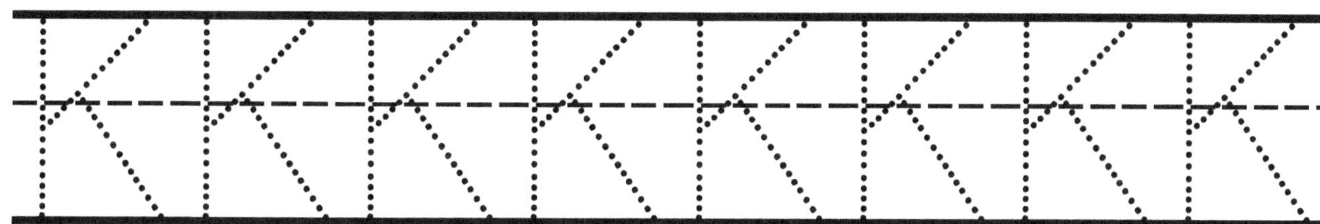

Writing :

Coloring :

Blue	Green	Red

Tracing :

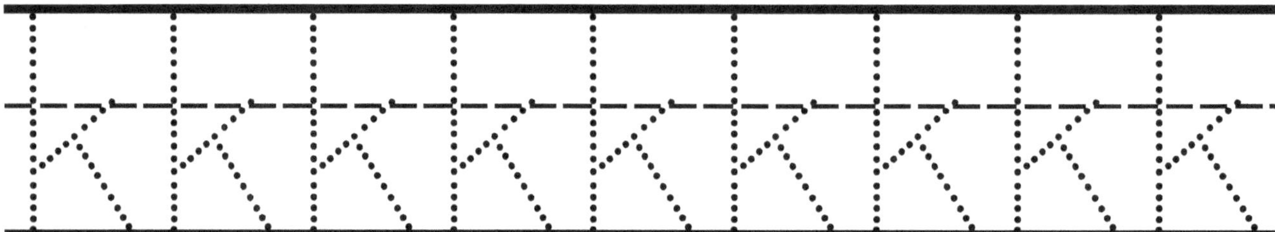

Writing :

Coloring :

Blue	Green	Red
k	k	k

Kitten

Tracing :

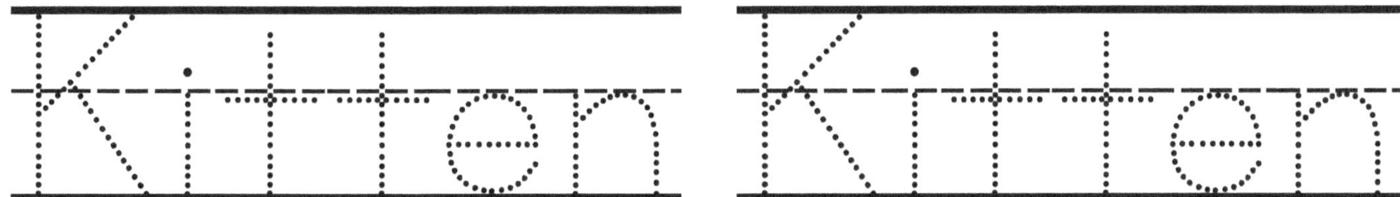

Writing :

Coloring :

Tracing :

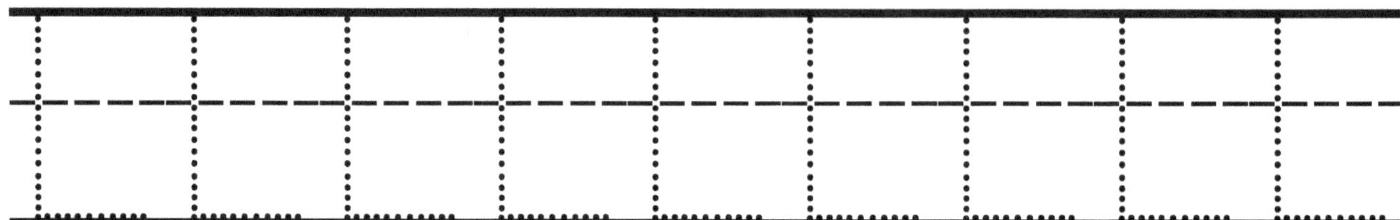

Writing :

Coloring :

Blue	Green	Red

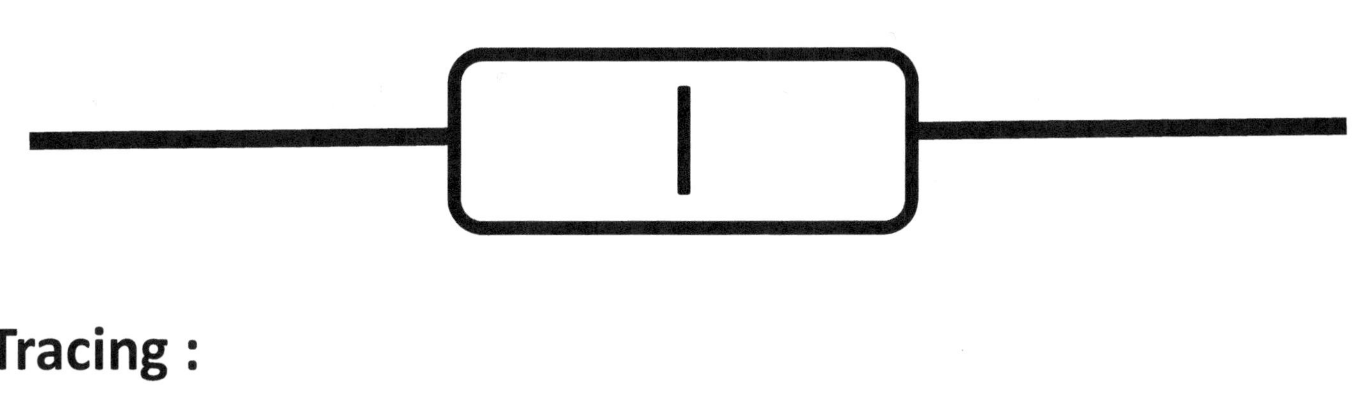

Tracing :

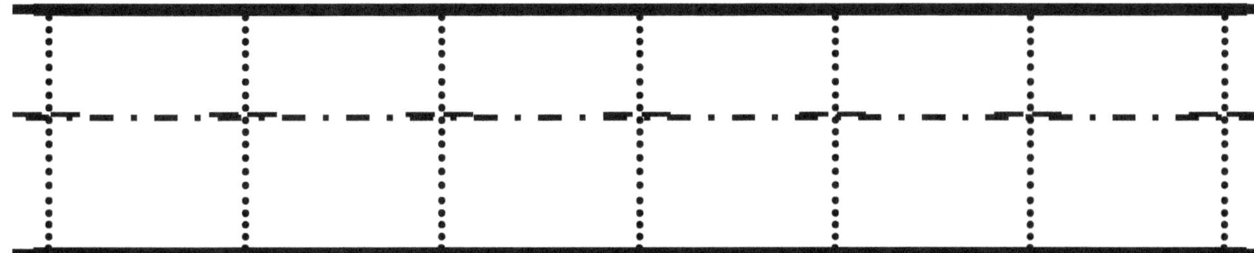

Writing :

Coloring :

Blue	Green	Red

Lion

Tracing :

Writing :

Coloring :

M

Tracing :

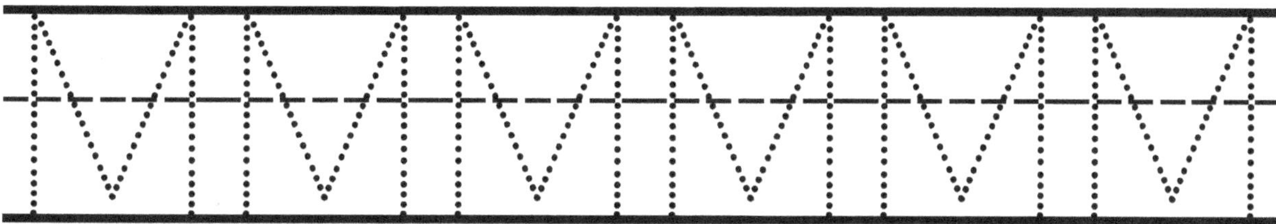

Writing :

Coloring :

Blue	Green	Red
M	M	M

m

Tracing :

Writing :

Coloring :

Blue	Green	Red
m	m	m

Tracing :

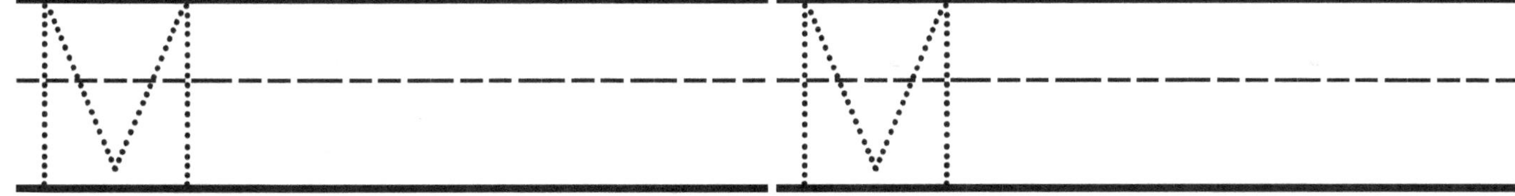

Writing :

Coloring :

N

Tracing :

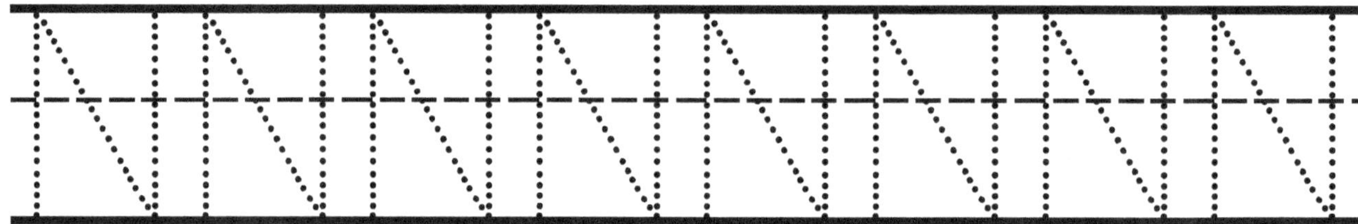

Writing :

Coloring :

Blue	Green	Red
N	N	N

n

Tracing :

Writing :

Coloring :

Blue	Green	Red
n	n	n

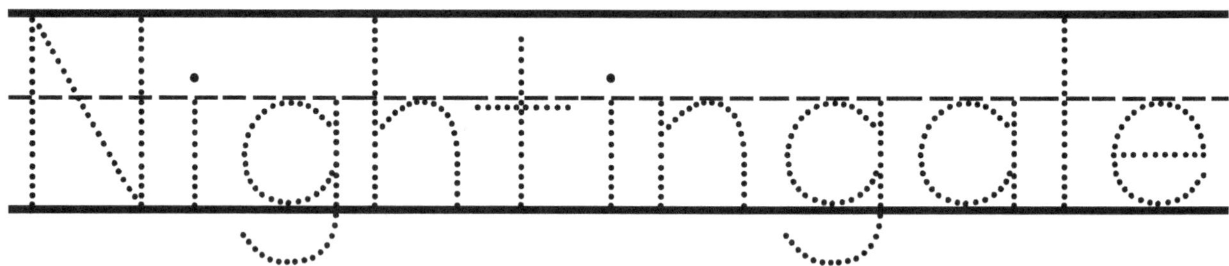

Nightingale

Tracing :

Writing :

Coloring :

Tracing :

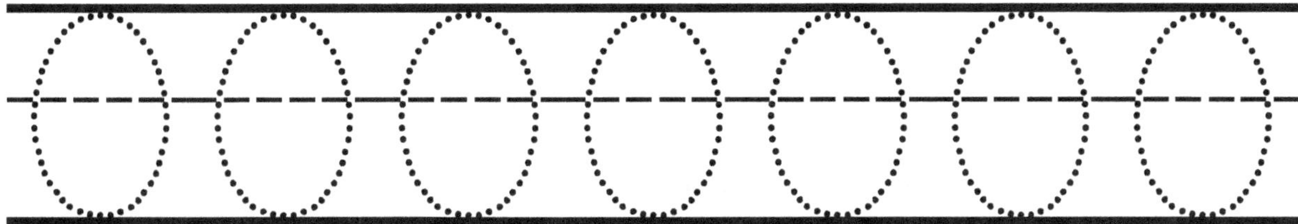

Writing :

Coloring :

Blue	Green	Red
0	0	0

Tracing :

Writing :

Coloring :

Blue	Green	Red

Ostrich

Tracing :

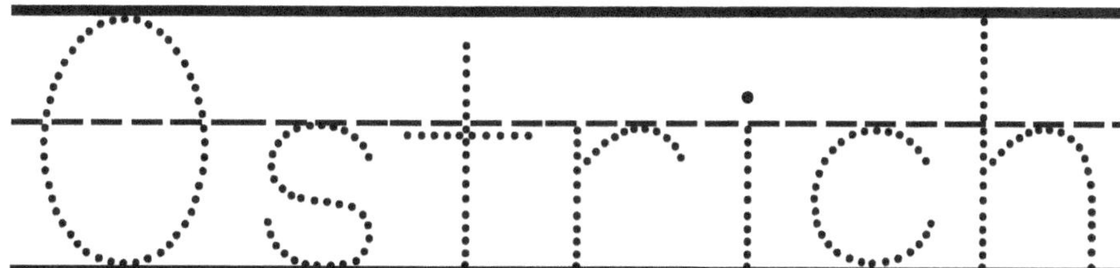

Writing :

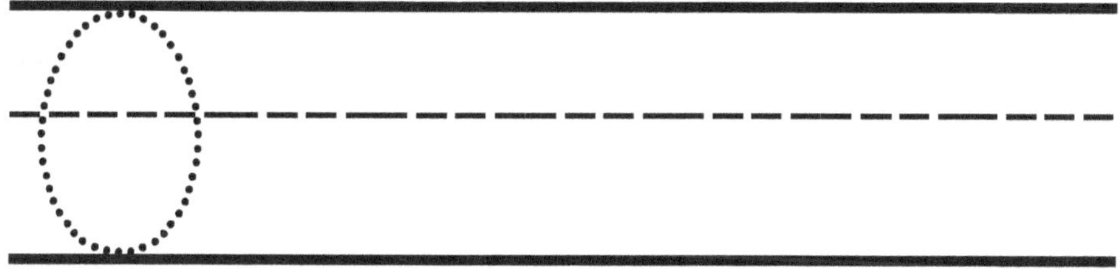

Coloring :

Owl

Tracing :

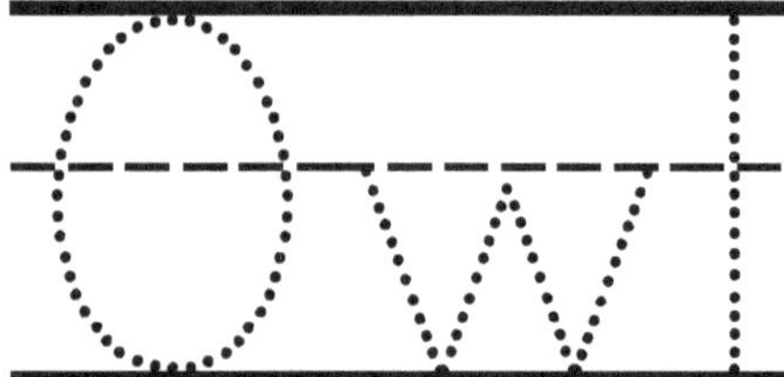 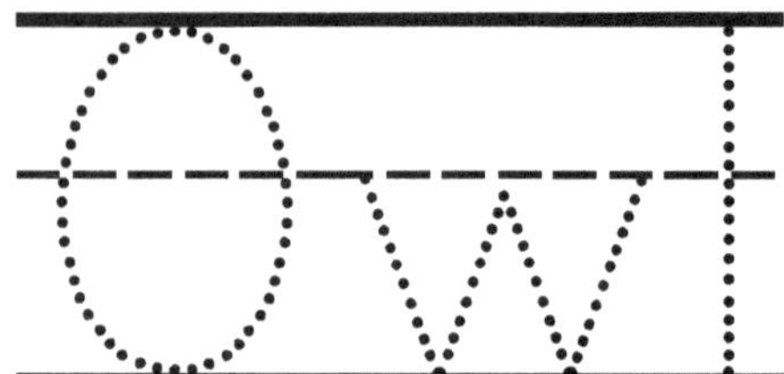

Writing :

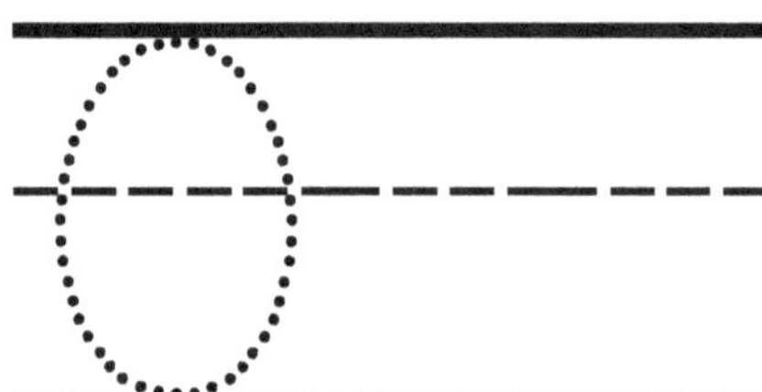 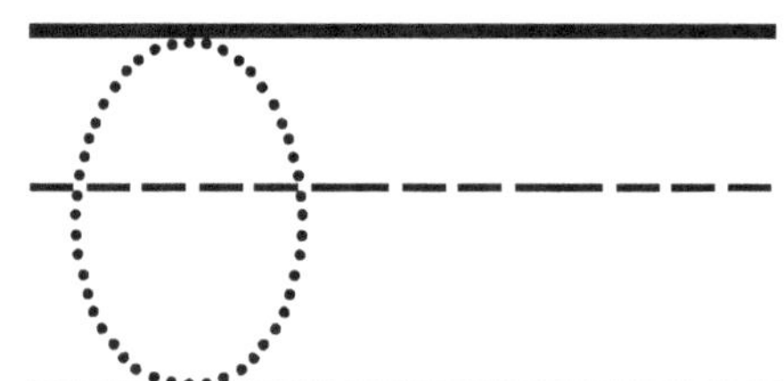

Coloring :

Tracing :

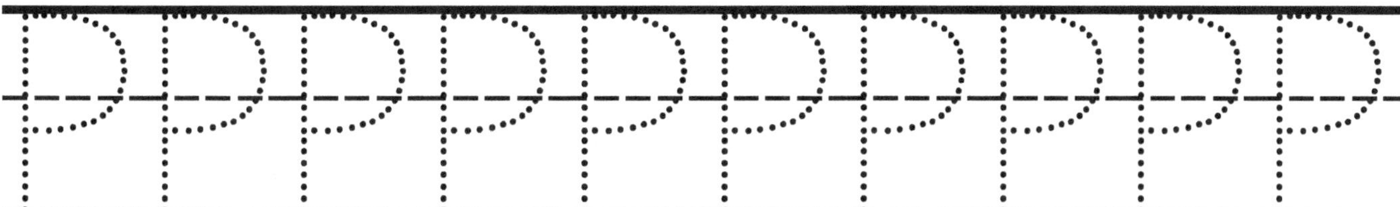

Writing :

Coloring :

Blue	Green	Red
P	P	P

Tracing :

Writing :

Coloring :

Blue	Green	Red
p	p	p

Tracing :

Writing :

Coloring :

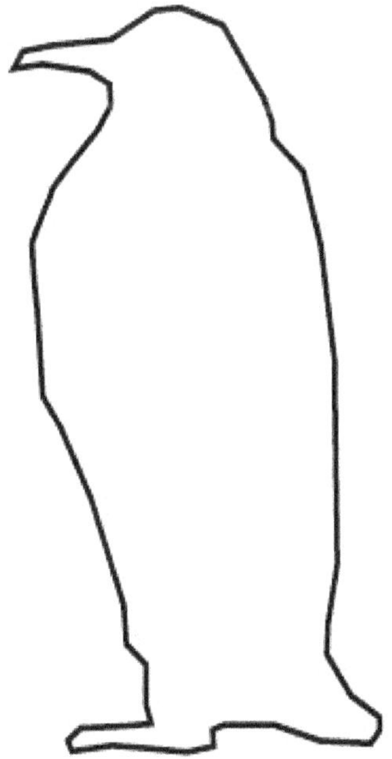

Pig

Tracing :

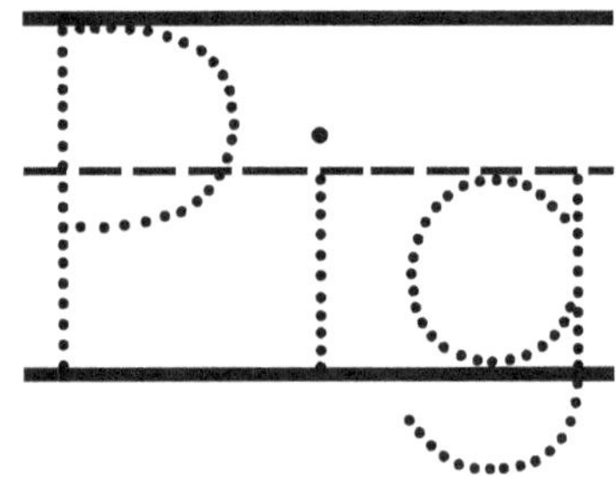 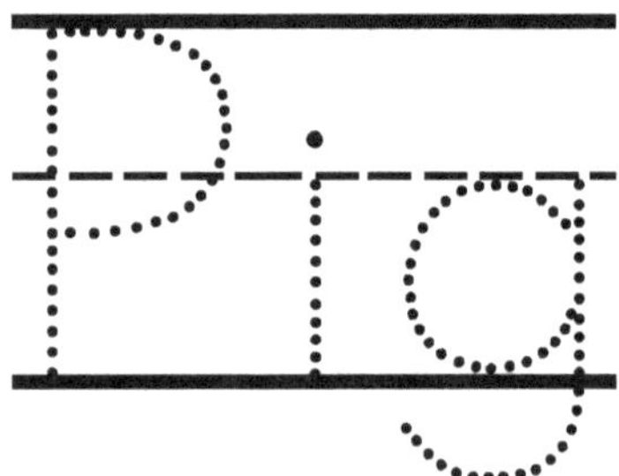

Writing :

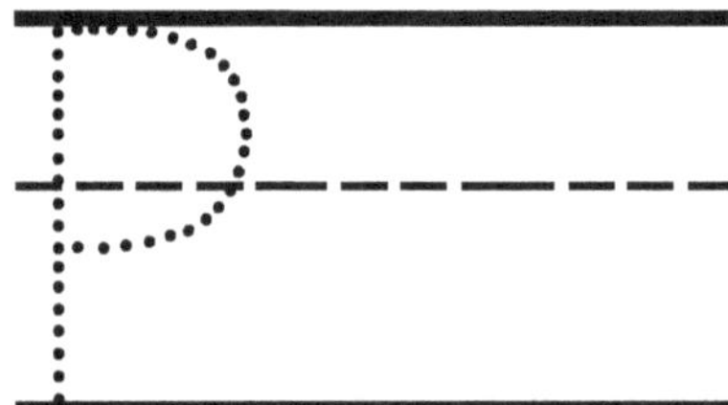 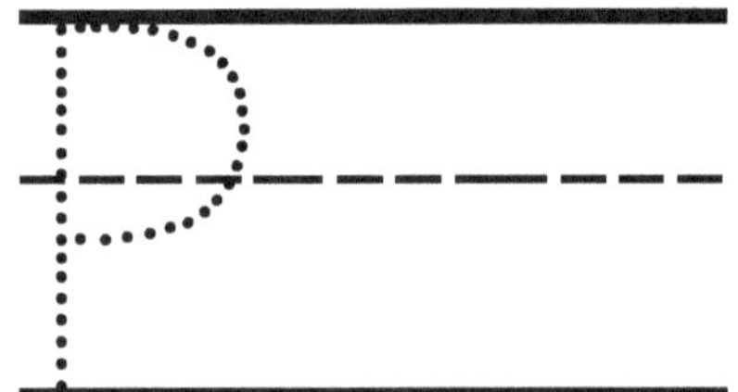

Coloring :

Pigeon

Tracing :

Writing :

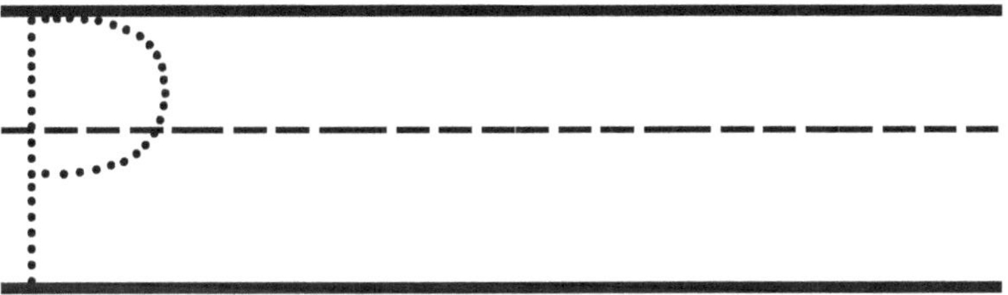

Coloring :

Tracing :

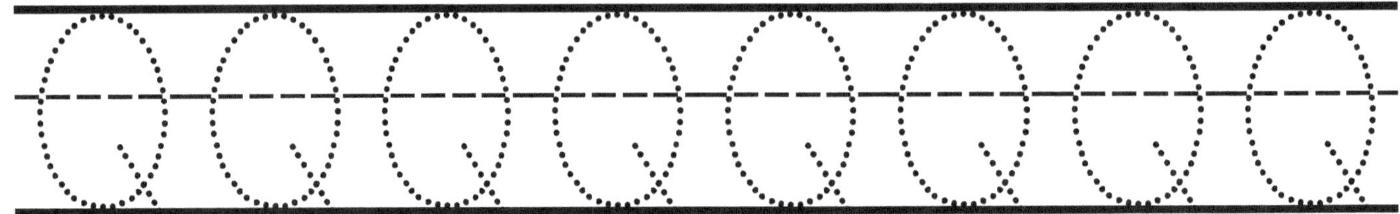

Writing :

Coloring :

Blue	Green	Red
Q	Q	Q

q

Tracing :

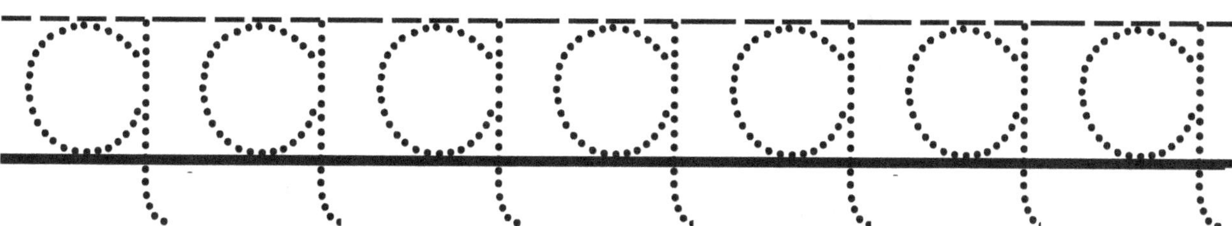

Writing :

Coloring :

Blue	Green	Red

R

Tracing :

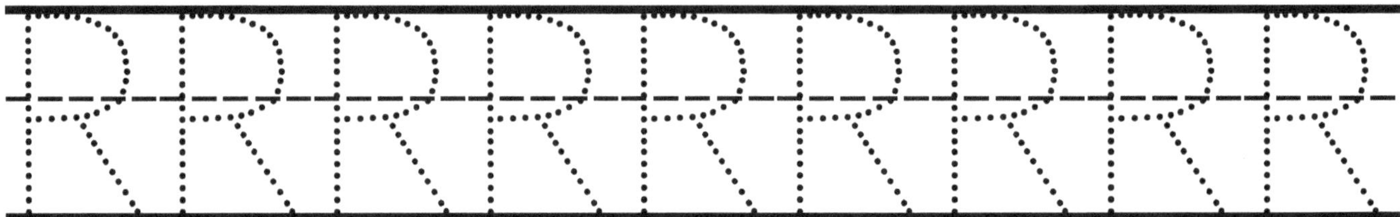

Writing :

Coloring :

Blue	Green	Red
R	R	R

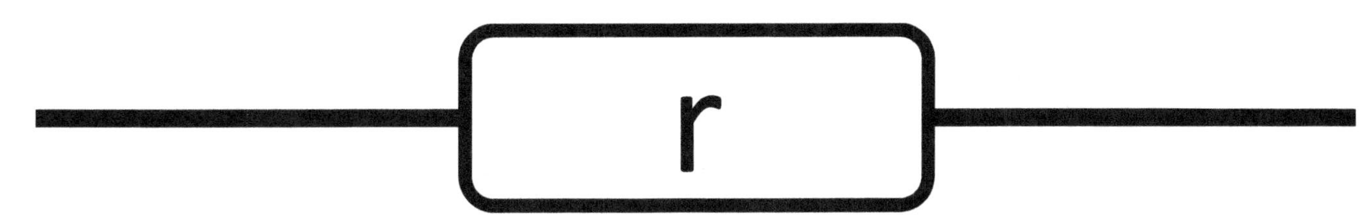

Tracing :

Writing :

Coloring :

Blue	Green	Red
r	r	r

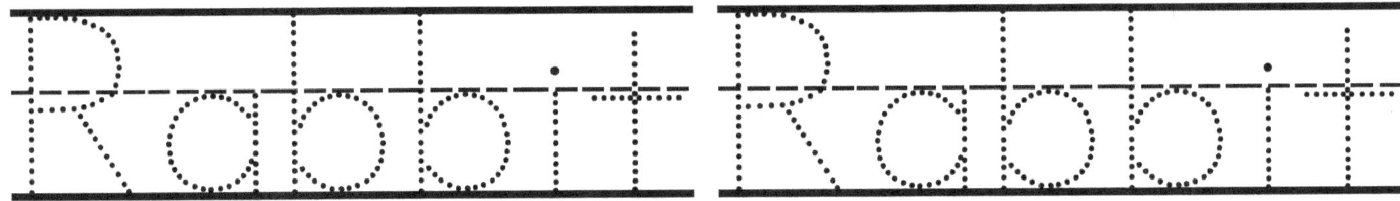

Tracing :

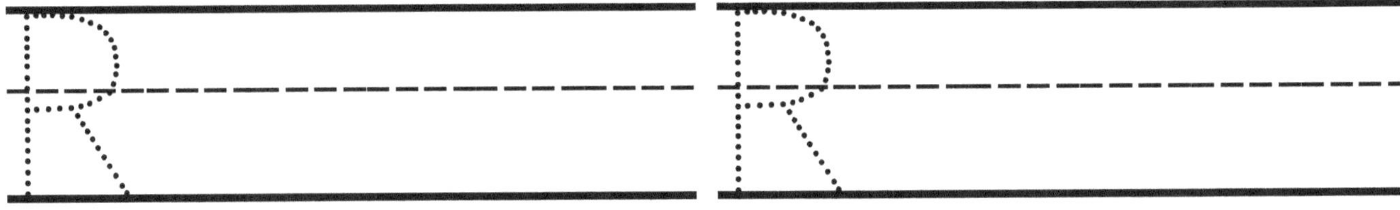

Writing :

Coloring :

Rhino

Tracing :

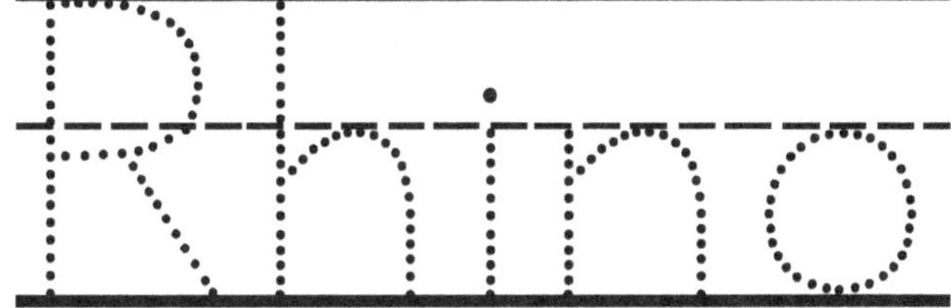

Writing :

Coloring :

Tracing :

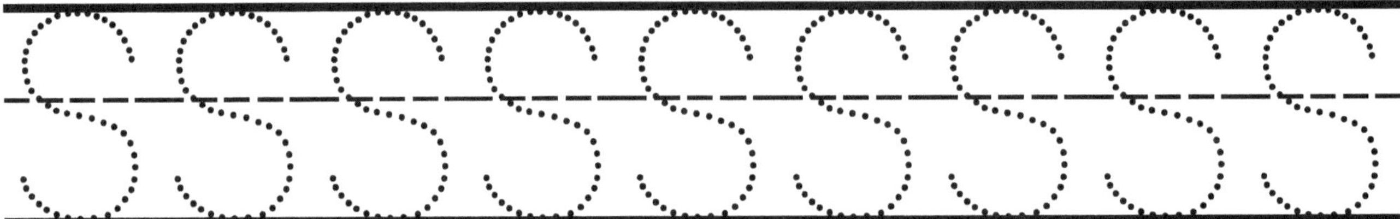

Writing :

Coloring :

Blue	Green	Red
S	S	S

Tracing :

Writing :

Coloring :

Blue	Green	Red
S	S	S

Seal

Tracing :

Writing :

Coloring :

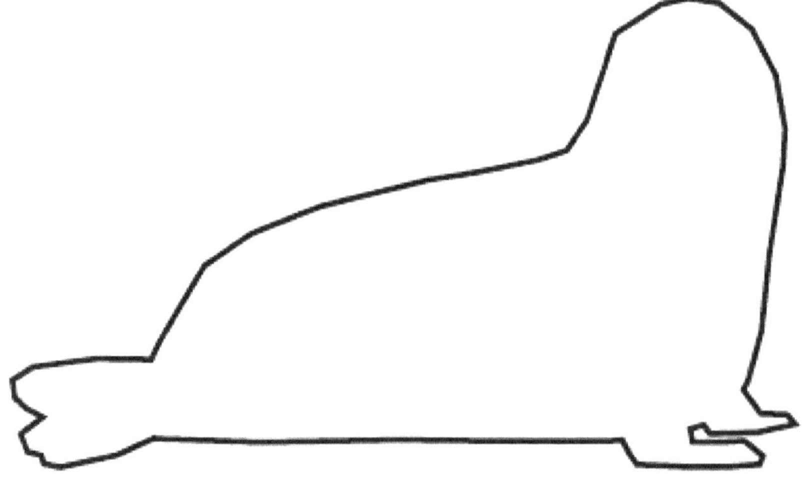

Sheep

Tracing :

Writing :

Coloring :

Snail

Tracing :

Writing :

Coloring :

Snake

Tracing :

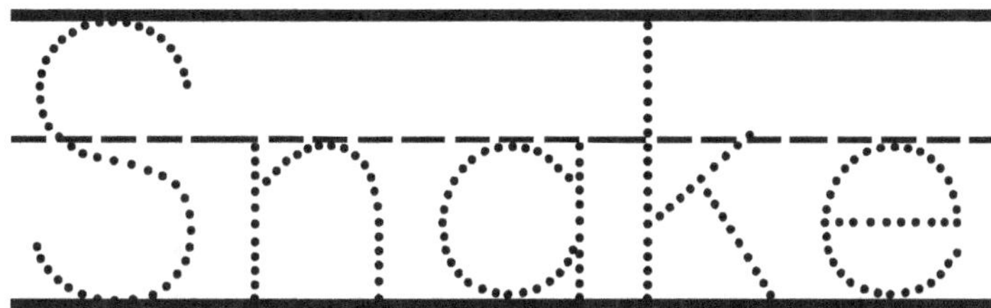

Writing :

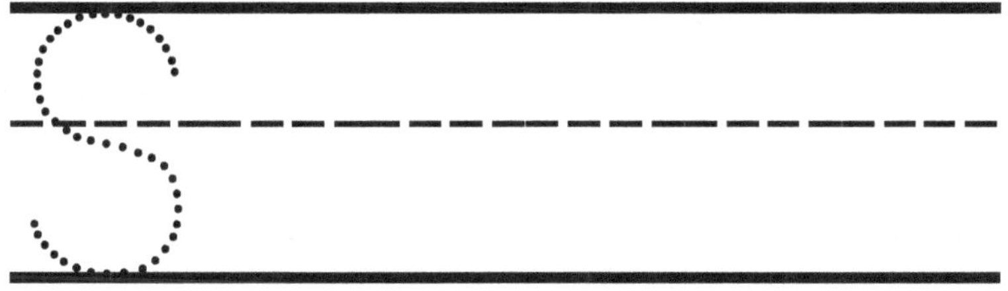

Coloring :

Tracing :

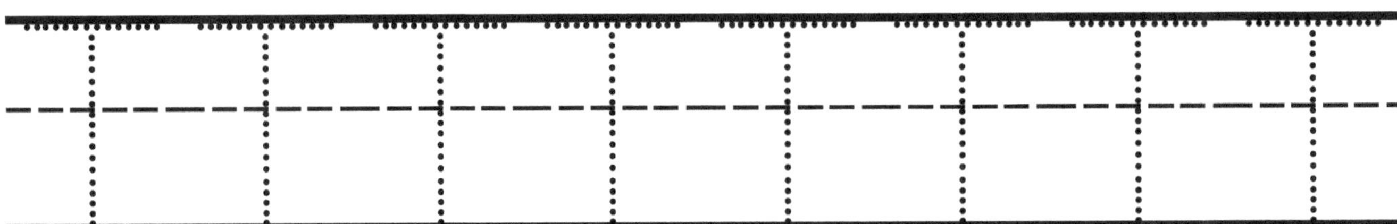

Writing :

Coloring :

Blue	Green	Red
T	T	T

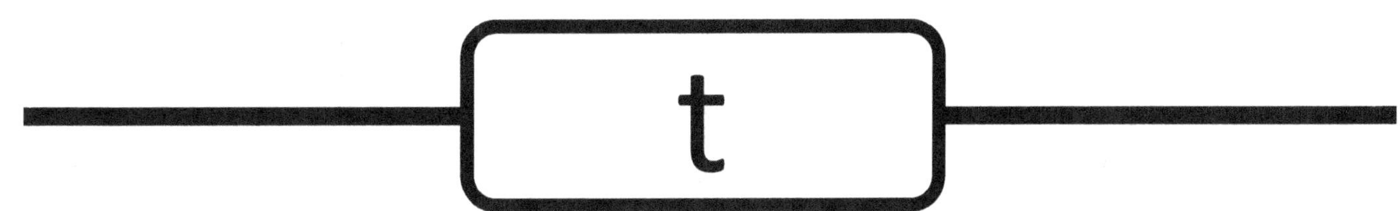

Tracing :

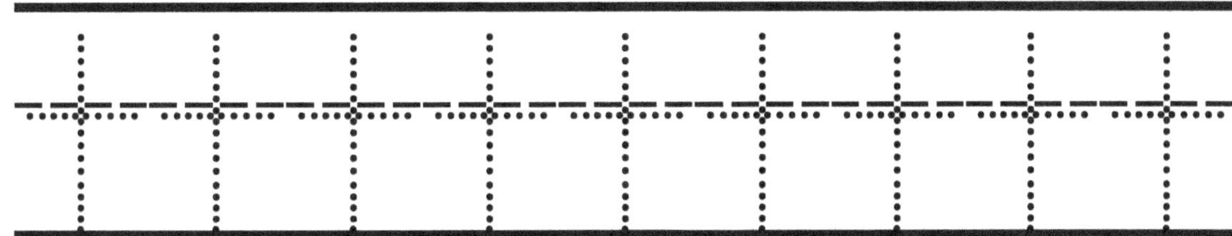

Writing :

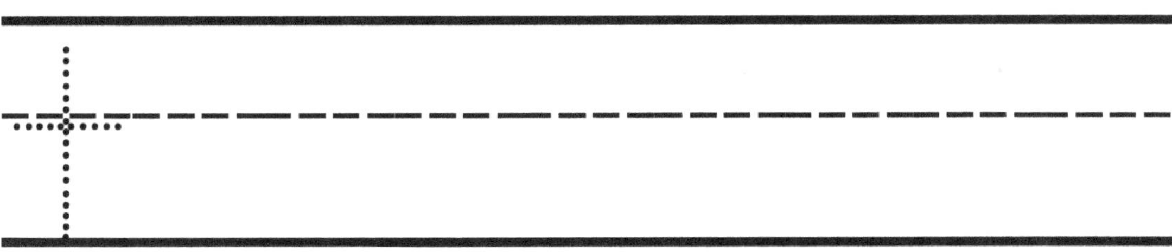

Coloring :

Blue	Green	Red

Tiger

Tracing :

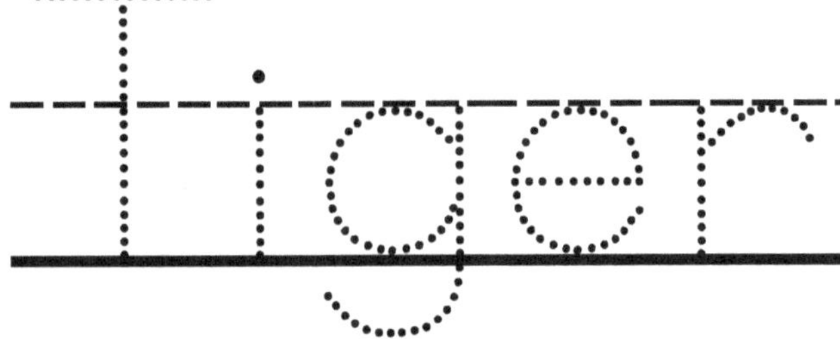

Writing :

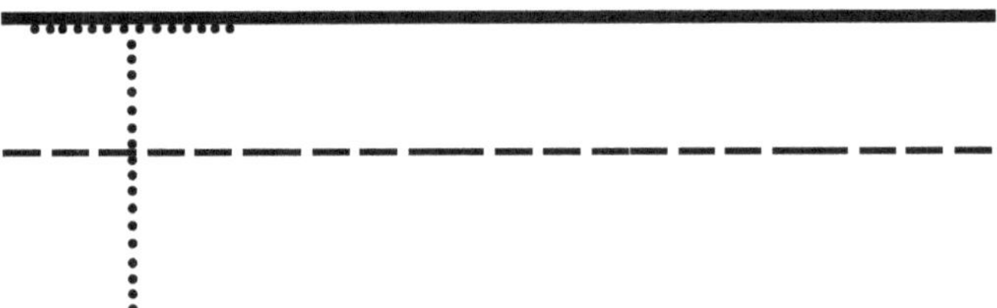

Coloring :

Turtle

Tracing :

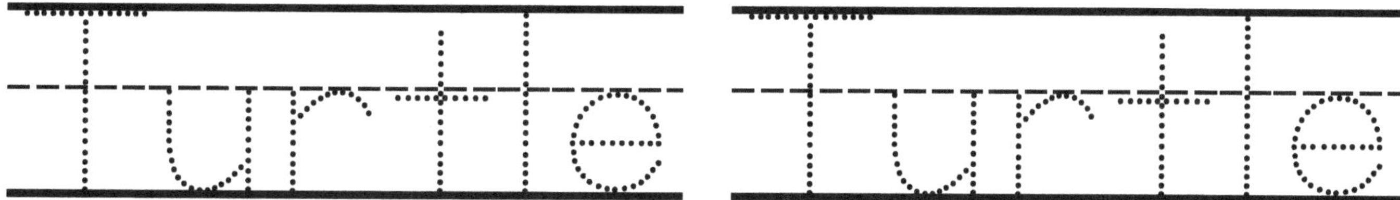

Writing :

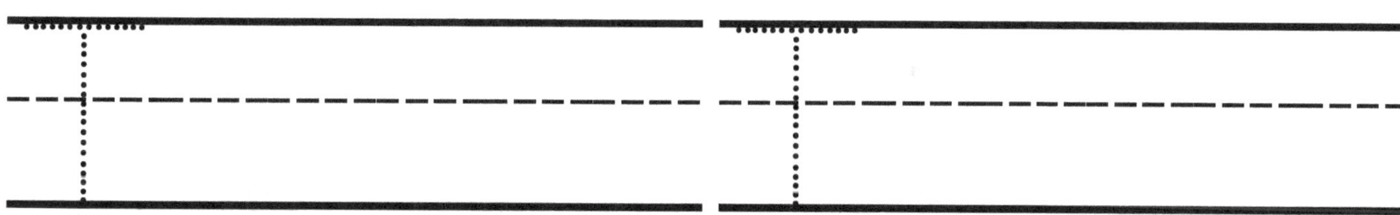

Coloring :

Turkey

Tracing :

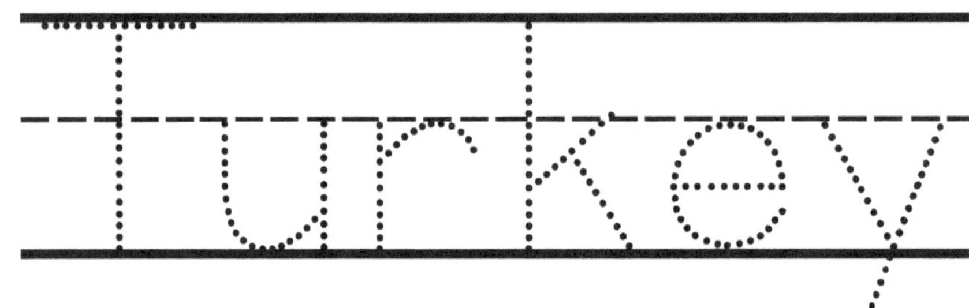

Writing :

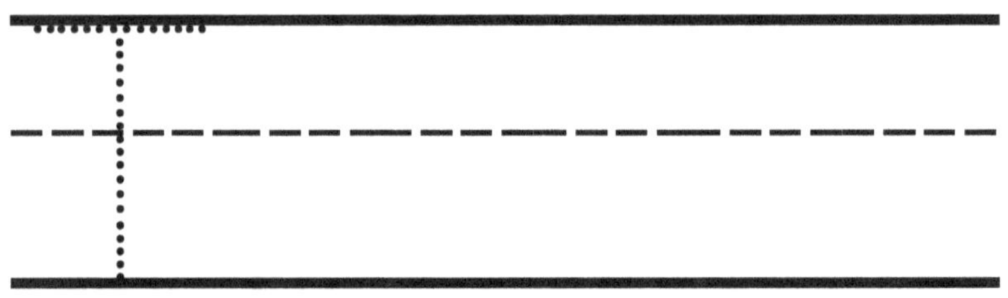

Coloring :

Tracing :

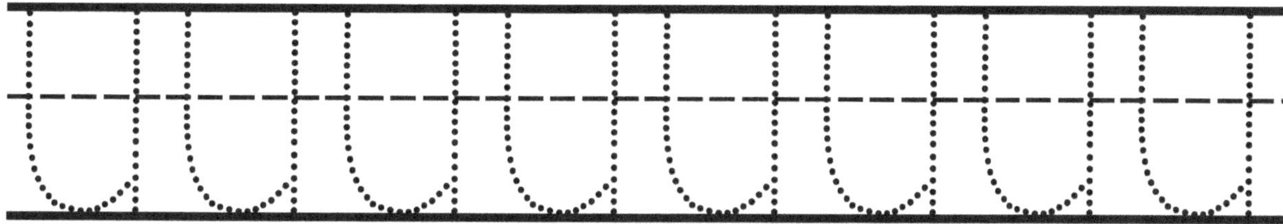

Writing :

Coloring :

Blue	Green	Red

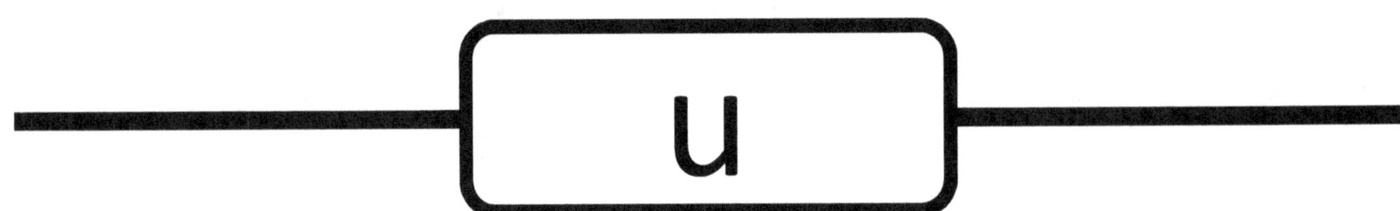

Tracing :

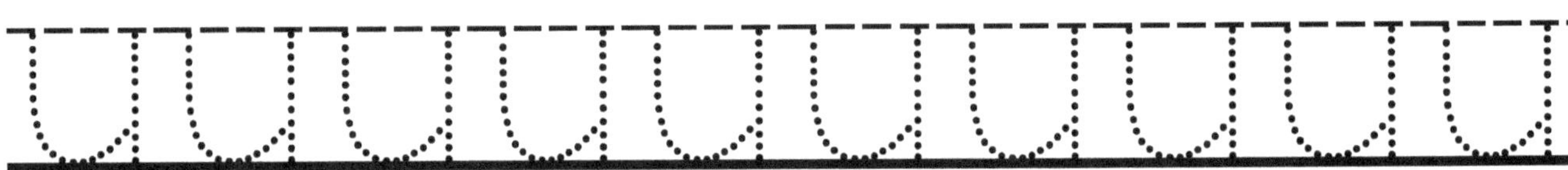

Writing :

Coloring :

Blue	Green	Red

Tracing :

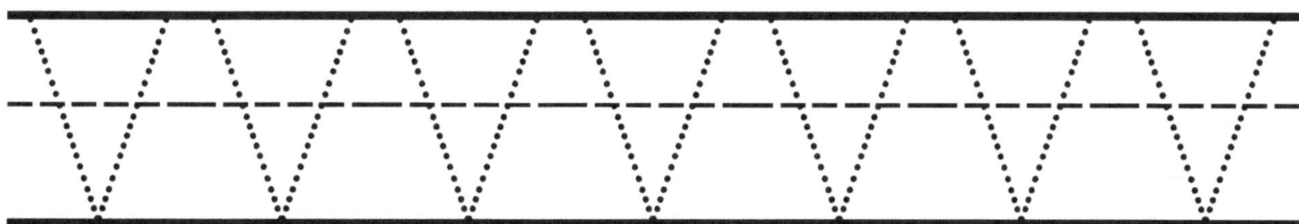

Writing :

Coloring :

Blue	Green	Red

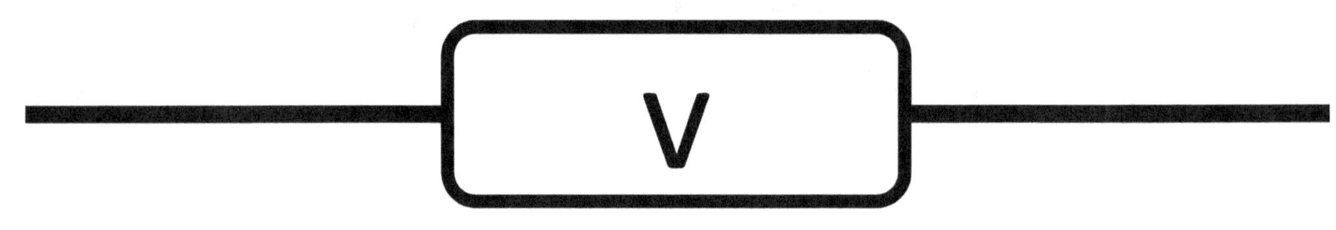

Tracing :

Writing :

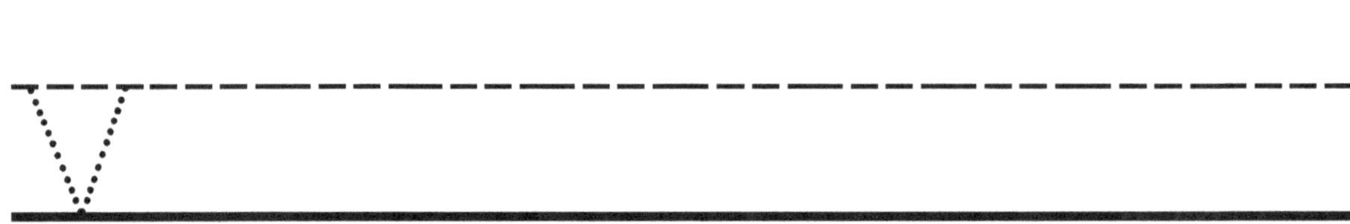

Coloring :

Blue	Green	Red
V	V	V

Vulture

Tracing :

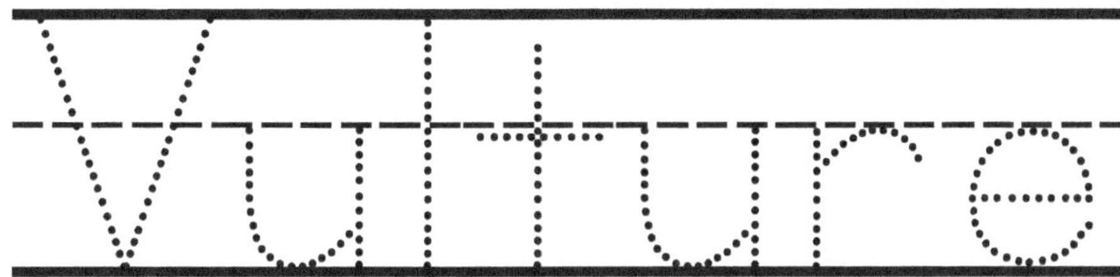

Writing :

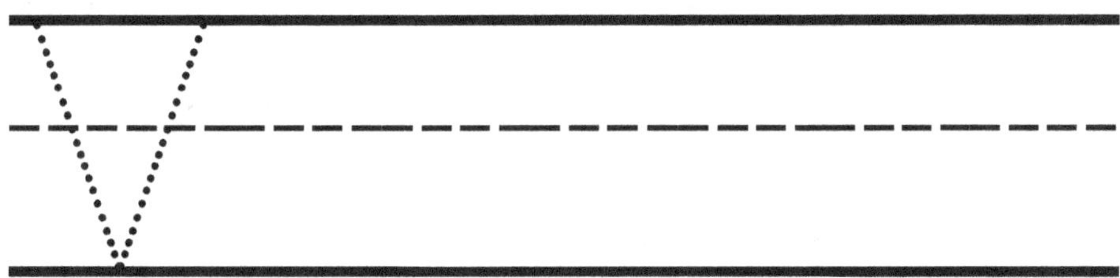

Coloring :

Tracing :

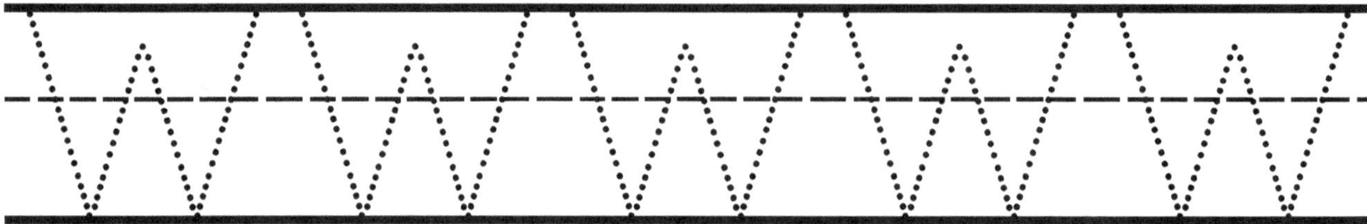

Writing :

Coloring :

Blue	Green	Red

W

Tracing :

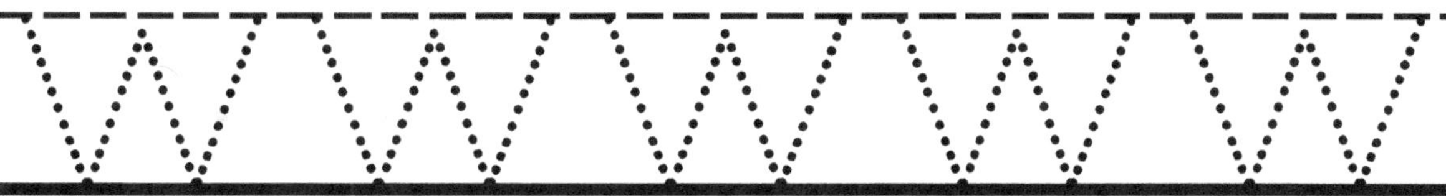

Writing :

Coloring :

Blue	Green	Red

Walrus

Tracing :

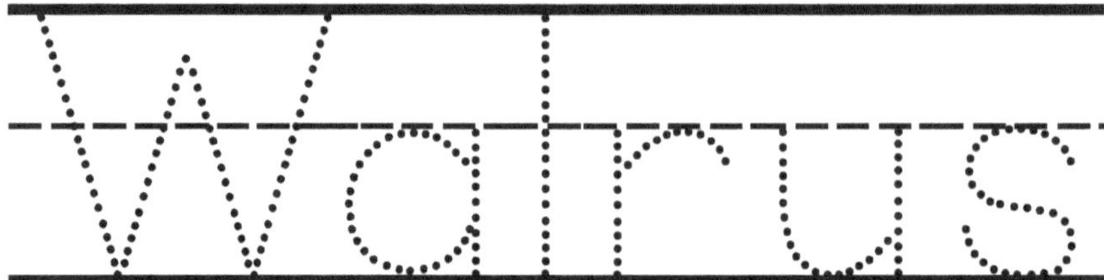

Writing :

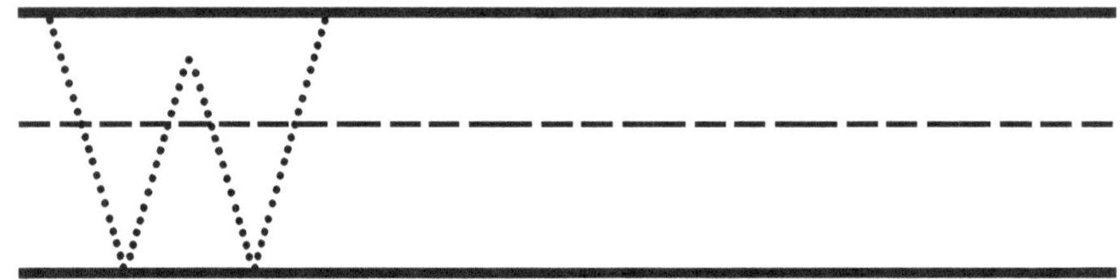

Coloring :

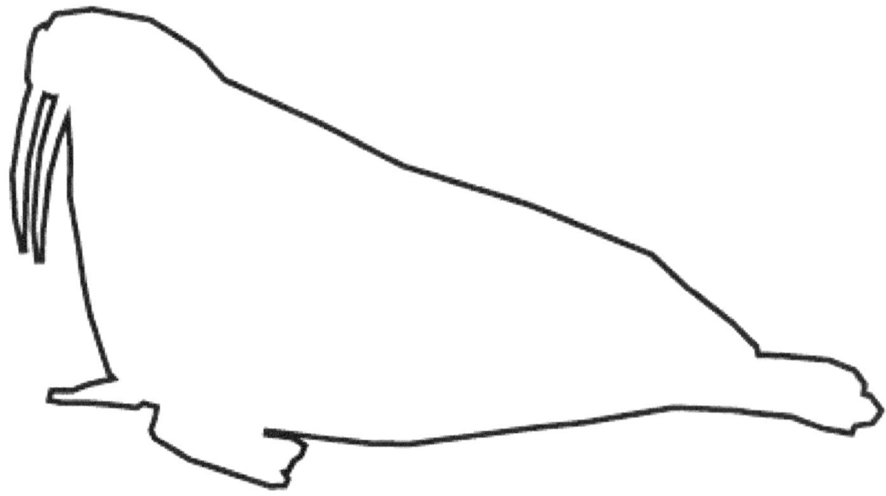

Wolf

Tracing :

 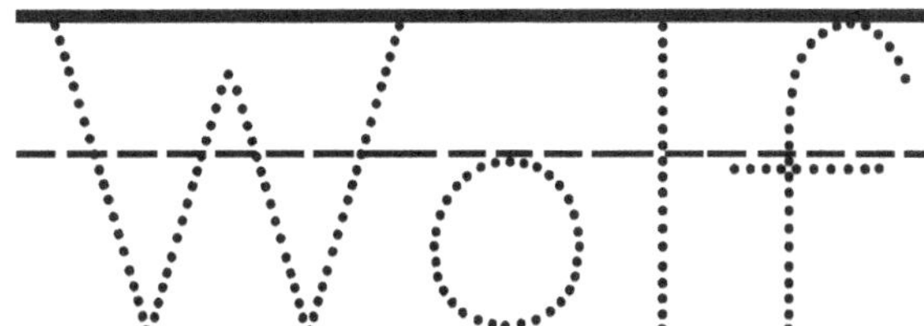

Writing :

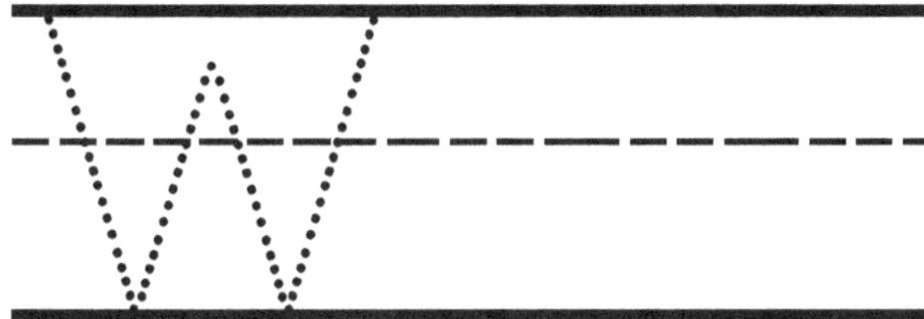 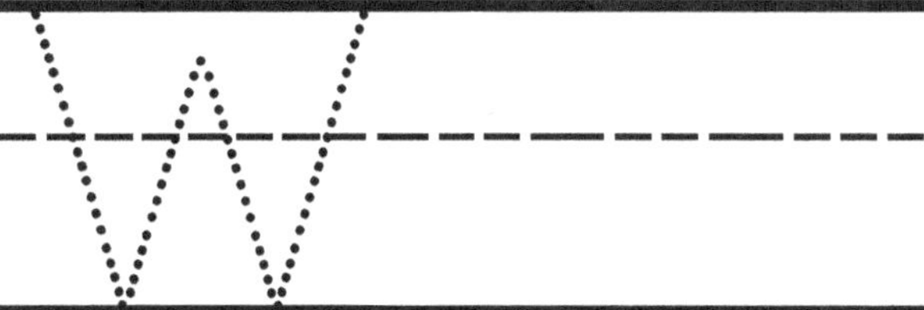

Coloring :

Tracing :

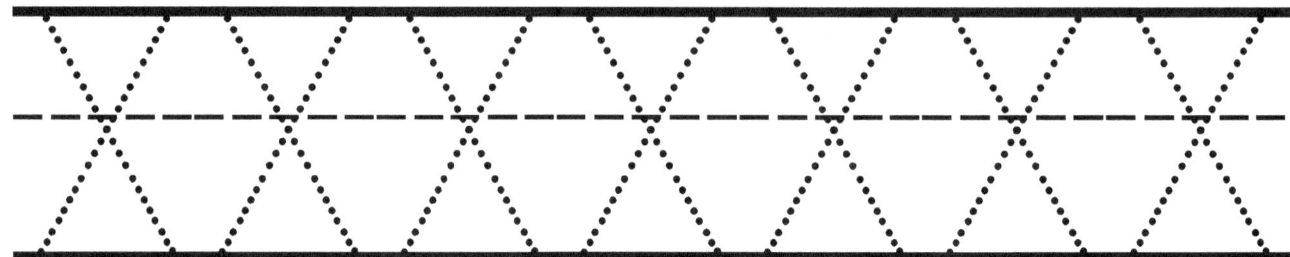

Writing :

Coloring :

Blue	Green	Red
X	X	X

Tracing :

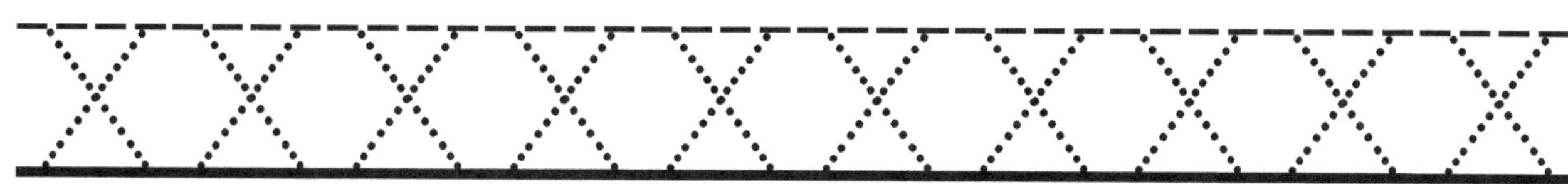

Writing :

Coloring :

Blue	Green	Red
X	X	X

Tracing :

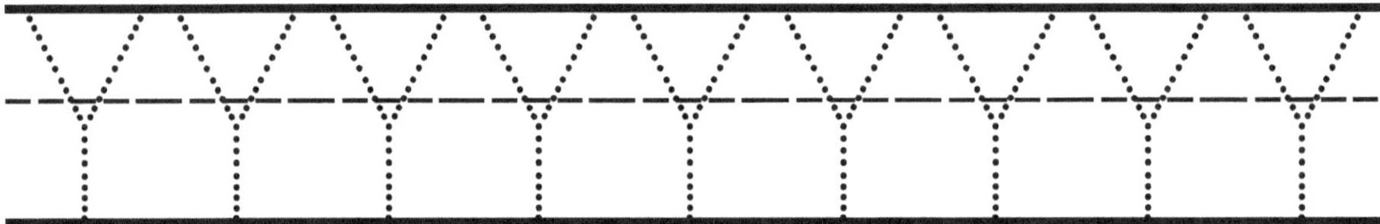

Writing :

Coloring :

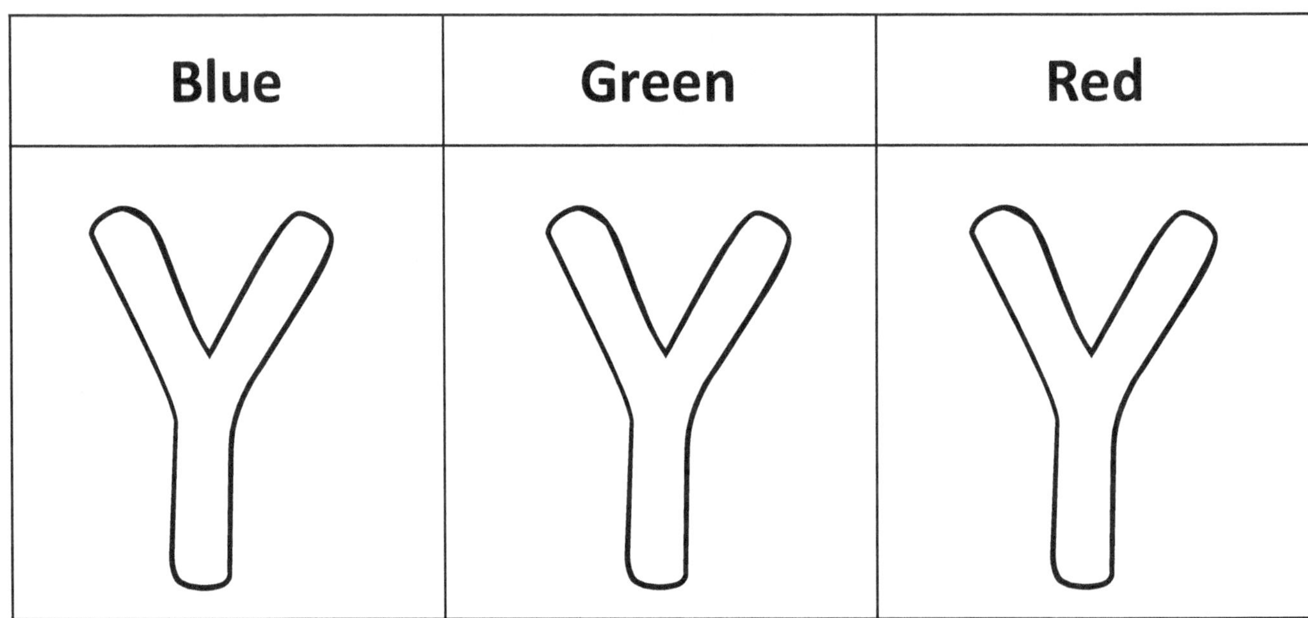

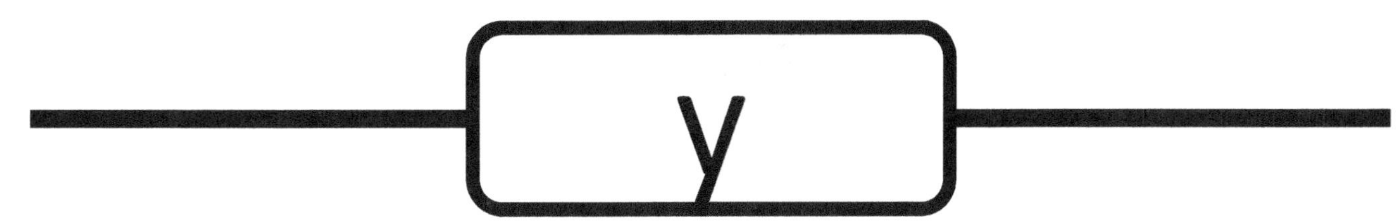

Tracing :

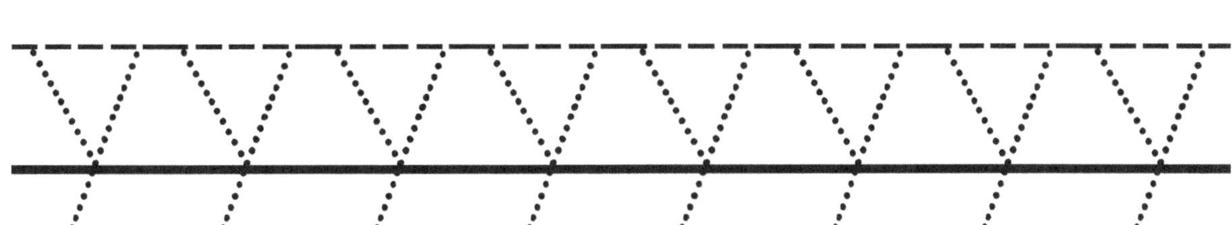

Writing :

Coloring :

Blue	Green	Red
Y	Y	Y

Yak

Tracing :

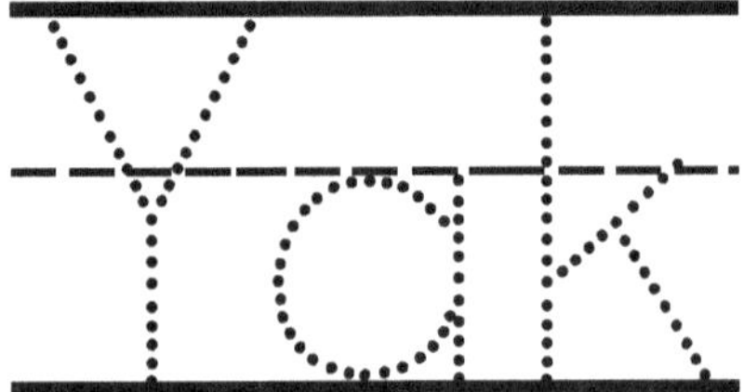 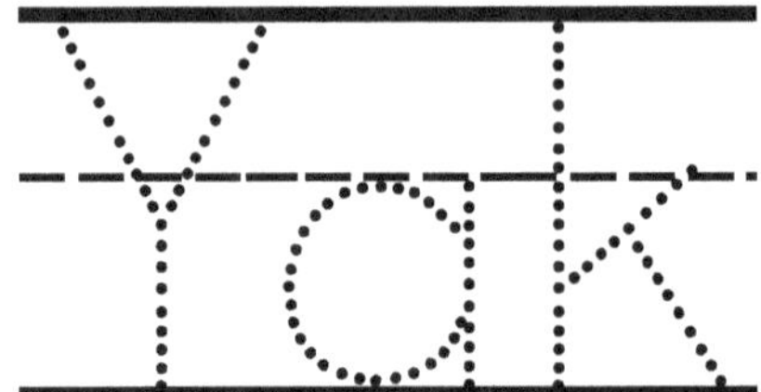

Writing :

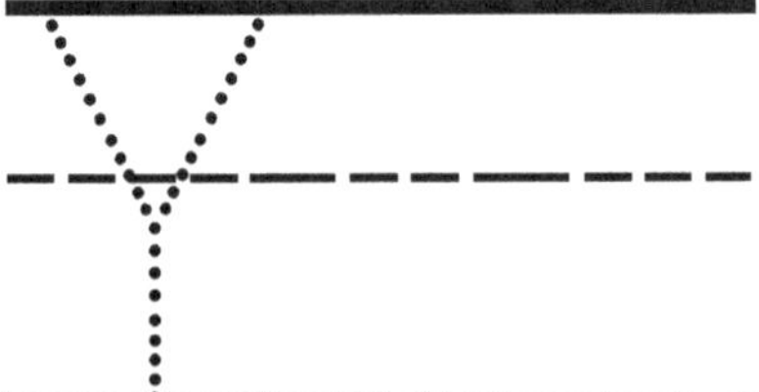 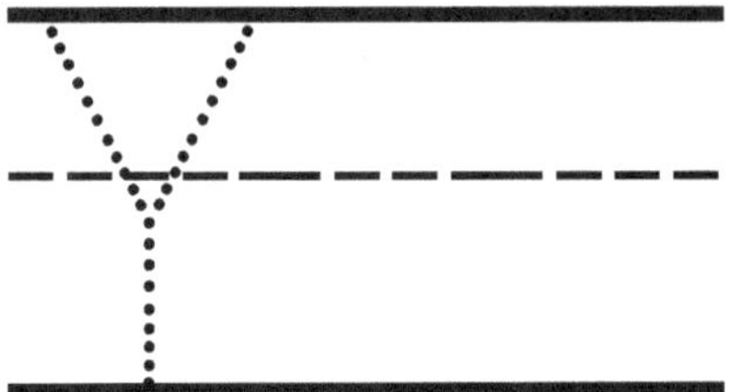

Coloring :

Z

Tracing :

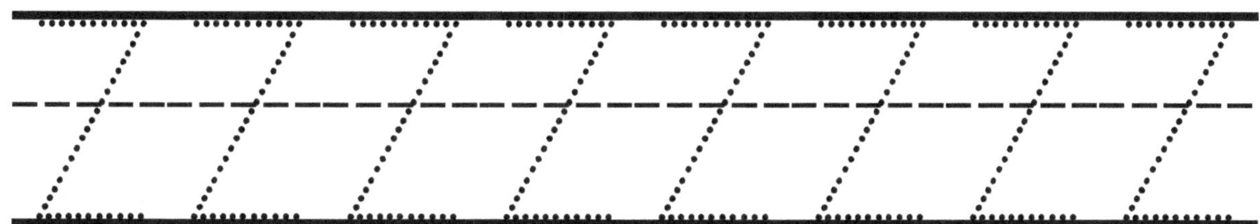

Writing :

Coloring :

Blue	Green	Red
Z	Z	Z

Z

Tracing :

Writing :

Coloring :

Blue	Green	Red
Z	Z	Z

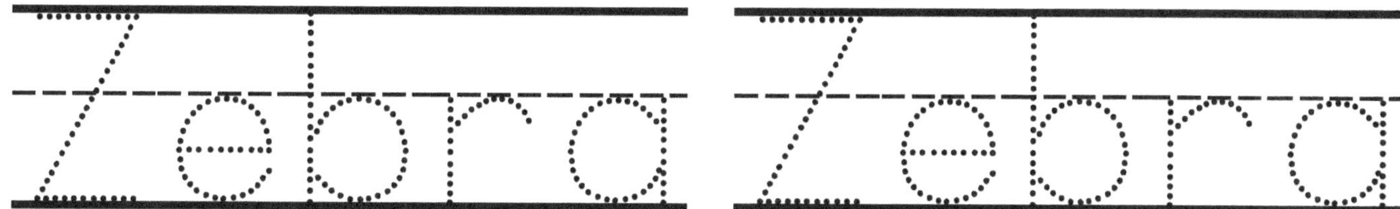

Zebra

Tracing :

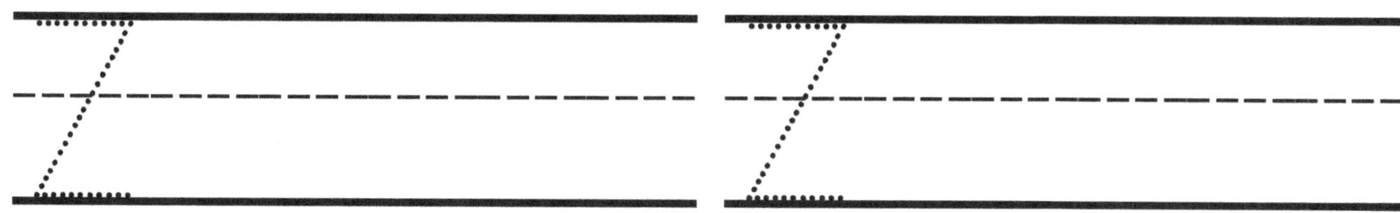

Writing :

Coloring :

<u>**Thank you !**</u>

If you have the time and inclination,

please consider leaving a review

wherever you can.